FRANCIS SCOTT

FITZGERALD

For Andrew after
having shared a nice
time in Vevey
talking about
Fitzgerald.
All the best.
Elizabeth

FRANCIS SCOTT
FITZGERALD

Écrivain du déséquilibre

par Élisabeth Bouzonviller

Maître de Conférences à l'Université
Jean-Monnet de Saint-Étienne

BELIN

8 rue Férou – 75278 Paris cedex 06
http://www.editions-belin.com

*Je tiens à remercier M. Marc Chénetier pour sa confiance
et son amabilité. J'adresse mon meilleur souvenir
à M. Roland Tissot avec qui j'ai partagé de si nombreuses
discussions sur l'écriture fitzgeraldienne.
Enfin, je dédie ce volume à Anne qui avait vingt ans
quand fut publié The Great Gatsby.*

Photo de couverture : © DITE / U.S.I.S.

© Éditions Belin 2000   ISSN 1275-0018   ISBN 2-7011-2715-7

Table des matières

Abréviations et éditions utilisées dans les citations

Romans
BD/*The Beautiful*: *The Beautiful and Damned*, New York, Scribner's, 1950.
GG/*Gatsby*: *The Great Gatsby*, Harmondsworth, Penguin, 1982.
LT/*Tycoon*: *The Last Tycoon*, New York, Scribner's, 1969.
S/*Paradise*: *This Side of Paradise*, New York, Scribner's, 1948.
T/*Tender*: *Tender is the Night*, New York, Scribner's, 1982.

Essais et lettres
CU: *The Crack-Up*, Harmondsworth, Penguin, 1965.
EJA: «Echoes of the Jazz Age»
ES: «Early Success»
HFS: «One Hundred False Starts»
L: *The Letters of F. Scott Fitzgerald*
LC: «My Lost City»
WWW: «Who's Who – and Why»

Nouvelles

A: «Absolution»
AA: «Afternoon of an Author»
AH: «Author's House»
BR: «Babylon Revisited»
BT: «Between Three and Four»
EH: «The End of Hate»
HC: «The Hotel Child»

IH: «Image on the Heart»
IP: «The Ice Palace»
MD: «May Day»
NQP: «A Nice Quiet Place»
OTA: «One Trip Abroad»
R: «A Diamond as Big as the Ritz»
TS: «The Swimmers»

Le plus souvent, les traductions des romans et nouvelles sont celles citées dans la bibliographie. Les références à mes propres traductions sont signalées par la lettre O (pour *traduit du texte original*). Elles correspondent alors aux éditions citées ci-dessus. Enfin, toutes les traductions des lettres sont de ma main, ainsi que celle de *The Notebooks of F. Scott Fitzgerald* et de *The Crack-Up*.

Des Années folles au krach, un destin américain

> *Thou wast not born for death, immortal Bird!*
> J. Keats, «Ode to a Nightingale», v. 61.

Empruntant l'expression de Ford Madox Ford à propos d'Henry James, Francis Scott Fitzgerald déclarait qu'il souhaitait devenir « le plus grand écrivain de son temps ; par conséquent, […] le plus grand homme ». Dans la tourmente de sa vie débridée, il prit toujours la littérature au sérieux, dût-il faire des concessions. Peu avant sa mort, il confiait à sa fille :

> Le peu que j'ai fait, je l'ai fait au prix du travail le plus acharné et le plus rebutant qui soit. Je voudrais aujourd'hui ne m'être *jamais* reposé, n'avoir *jamais* regardé en arrière, et m'être dit, après avoir fini *Gatsby* : « Désormais, tu as trouvé ta voie – c'est elle qui doit compter d'abord. C'est ton devoir le plus urgent – sinon tu n'es rien » (*L*, 12 juin 1940).

Très tôt, il avait ressenti « une furieuse démangeaison d'écrire » (WWW) et il se plaisait à évoquer sa vocation précoce :

> Trois mois avant ma naissance, ma mère a perdu ses deux autres enfants, et je crois que tout vient de là, sans savoir vraiment ce qui s'est passé. Je crois que je suis devenu écrivain à cet instant-là (AH, 993).

Peut-être souhaitait-il ainsi expliquer que sa lutte pour la vie et la reconnaissance passait nécessairement par l'écriture. Pour lui, une fois la plénitude originelle perdue, le seul chemin possible pour tenter de la recouvrer se ferait à travers la littérature.

Comme Gatsby, son personnage le plus célèbre, Fitzgerald est un enfant du Middle West né à Saint Paul dans le Minnesota en 1896. Après avoir évoqué ses retours d'étudiant dans le Mid West pour Noël, Nick, le narrateur de *Gatsby*, conclut d'une façon qui semble englober aussi bien tous les personnages du roman que l'auteur lui-même :

> Je comprends aujourd'hui que cette histoire est une histoire de l'Ouest – Tom et Gatsby, et Jordan, et moi-même, nous sommes tous des gens de l'Ouest, et peut-être avons-nous en commun une sorte de méfiance instinctive qui nous interdit de nous adapter aux mœurs de la côte Est (*GG*, 198).

Fitzgerald se souviendra des hivers enneigés de ses jeunes années dans la nouvelle « Le Palais de glace ». L'héroïne, une belle du Sud comme son épouse Zelda, se perdra alors dans une sculpture de glace rappelant le climat rude de Saint Paul, mais aussi ses joies hivernales liées à l'enfance.

En 1913, il choisit de s'inscrire à Princeton pour ses clubs littéraires et son équipe de football à laquelle ses capacités physiques le prédisposent peu. Il sait cependant valoriser ses échecs sportifs par le biais de l'écriture :

> J'avais compris ceci : on peut ne pas être doué pour l'action, mais être doué pour en parler – car les impressions qu'on éprouve atteignent un même degré d'intensité. C'est une façon détournée d'affronter la réalité (*AH*, 994).

En 1928, il publie une nouvelle intitulée « Le Stade » où il exprime sa passion pour ce sport qui ne correspondait pas à son physique. Bien qu'il n'y ait pas brillé, il gardera une éternelle nostalgie de son université «nonchalante, séduisante, aristocratique [...] comme un jour de printemps» (S, O, 30) et elle apparaît régulièrement dans ses textes. Étudiant, il rencontre une riche héritière de Chicago à qui il adresse une correspondance fleuve: Ginevra King. Son souvenir idéalisé le hantera toute sa vie, modèle de garçonne, avec Zelda, de beaucoup de ses textes. Elle sera, entre autres, la *flapper* impitoyable et délurée de la série de nouvelles consacrée à la jeune Joséphine. Cet amour de jeunesse malheureux lui inspirera le motif récurrent du jeune homme pauvre désespérément amoureux d'une jeune fille riche: «Lointaine, en son palais de marbre, fille du Roi [the *king's* daughter], princesse d'or...» (*GG*, 139). Son premier héros de roman s'écrie, révolté: «J'en ai assez de ce système où l'homme le plus riche obtient la plus belle jeune fille s'il la désire» (S, O, 251).

Il devance l'appel en 1917, quitte Princeton sans diplôme; comme de nombreux jeunes gens de sa génération, il croit qu'il va s'illustrer brillamment et romantiquement sur les champs de bataille de la Grande Guerre. Le conflit se terminant juste avant son embarquement pour l'Europe, il en concevra un regret éternel et une admiration sans borne pour ceux qui, comme Hemingway, y ont participé. Pour compenser ses exploits avortés, il rédigera une nouvelle («Je n'ai pas fait la traversée», 1936) et enverra presque tous ses héros au combat. Ils appartiennent à ce que Gertrude Stein nomma «la Génération Perdue», terme que Fitzgerald reprend dans «Les Nageurs» (TS, 472). Il décrit cette génération comme désabusée, instable et agitée: «Je suis agité. Toute ma génération est agitée» dit Amory dans *Paradise* (S, O, 251), et l'auteur conclut: «Il n'y avait plus de sages, il n'y avait plus de héros» (O, 238). C'est l'époque de la «Chute [des] piliers» (O, 229), de la «Déconfiture des Généraux» (*BD*, O, 372), de l'effondrement de l'ordre phallique incarné dans l'architecture des grandes villes américaines.

Dès 1919, Fitzgerald réussit à vendre quelques nouvelles, puis à faire éditer *L'Envers du Paradis* en 1920 chez Scribner ; c'est le couronnement d'un désir d'écriture, la plus sûre façon aussi de conquérir la main de Zelda qui a des exigence financières et sur qui un autre plus fortuné aurait pu exercer un « droit de seigneur » (*CU*, 47). À propos de ce premier roman, le jeune écrivain confie à Maxwell Perkins, son éditeur : « J'ai tant de choses qui dépendent de son succès, y compris une jeune femme, bien sûr » (*L*, 18 sept. 1919). Chez Fitzgerald, amour, sexe et écriture sont intimement liés.

Imitant *Sinister Street* de Compton Mackenzie qui évoque la vie étudiante à Oxford, *This side of Paradise* est un *Bildungsroman* inspiré des jeunes années de l'auteur et de son expérience à Princeton. C'est sans doute plus pour ses révélations sociales et culturelles sur la jeunesse de l'entre-deux-guerres que pour ses qualités littéraires que ce roman d'un écrivain de vingt-trois ans, inconnu du public, obtint un tel succès. Sorte de patchwork, *Paradise* a été décrit par Fitzgerald comme « une romance et une liste de lecture » : il cite soixante-quatre titres et quatre-vingt-dix-huit écrivains. Ce sera le premier et seul succès de librairie du vivant de l'auteur.

Pour assurer son train de vie souvent extravagant, Fitzgerald publiera des nouvelles dans des magazines tels que *Collier's*, *Vanity Fair*, *Cosmopolitan*, *Woman's Home Companion*, *The Smart Set*, *Redbook Magazine*, *Esquire* et surtout *The Saturday Evening Post* ; en dix ans, il deviendra l'un des nouvellistes les mieux payés d'Amérique. Très populaire auprès des magazines, il devra se plier à contrecœur à leurs exigences : morale, thèmes traités, ton général optimiste. Il ressentira vivement ce que Dos Passos nomma une « schizophrénie » de l'écrivain, la constante obligation financière de se consacrer à une écriture qui n'était pas pour lui de la littérature de qualité et l'empêchait de se concentrer sur ses romans en cours. En 1929, il se plaint à Hemingway : «[…] le *Post* paie maintenant la vieille putain 4 000 dollars la passe. Mais c'est parce qu'elle maîtrise les 40 positions ; dans sa jeunesse une seule était nécessaire » (*L*, 9 sept. 1929). En faveur d'un abandon définitif de cette perte de temps, Hemingway confie à leur éditeur commun : « Si seulement il écrivait un bon livre, qu'il le finisse et qu'il arrête de s'éreinter sur ces histoires minables pour le *Post* » (*Selected Letters*, 11 oct. 1928). Fitzgerald demeurera toujours conscient de ses responsabilités familiales et ces nouvelles, régulièrement rassemblées en recueils publiés entre deux romans, constituaient une double source de revenus. Si certaines furent uniquement alimentaires, d'autres sont exceptionnelles comme « Le Palais de Glace » (1920), « Un Diamant gros comme le Ritz » (1922), « Le Premier Mai » (1920), « Retour à Babylone » (1931) ou « Le Garçon riche »(1926) ; d'autres encore ont été d'excellents canevas pour les romans comme « Rêves d'hiver » (1922) et « Absolution » (1924) pour *The Great Gatsby* ; « L'Échelle de Jacob » (1927), « Les Nageurs » (1929) et « Un Voyage à l'étranger » (1930) pour *Tender is the Night*. Au terme de sa vie, Fitzgerald n'aura écrit que cinq romans, dont un inachevé ; en revanche, il aura publié quatre recueils et environ cent quatre-vingts nouvelles.

Sa vie et son écriture épousent l'évolution de la première moitié du siècle. Avec le succès foudroyant de *Paradise*, les Fitzgerald deviennent le couple fétiche des Années folles. Ils sont jeunes, beaux, insolents ; leurs facéties incarnent le tourbillon qui s'est emparé de leur génération, « Une race entière devenant hédoniste, optant pour le plaisir » (EJA, O, 11). Alors qu'il « revendique la paternité de l'appellation » «Âge du Jazz » (*L* à Perkins, 21 mai 1931), « l'Amérique se [lance] dans l'orgie la plus fantastique et la plus vulgaire de toute l'Histoire » (ES, O, 59). En 1922, un deuxième roman, *Les Heureux et les Damnés*, s'inspire des réalistes et naturalistes tels que Theodore Dreiser et Frank Norris. Il reflète la vie débridée du jeune couple, annonce la catastrophe qui les guette. Déjà, Fitzgerald s'inquiète de son destin d'écrivain à travers le personnage de Caramel qui gâche son talent en succès commerciaux.

Dès 1921, les Fitzgerald ont découvert l'Europe ; lors de voyages qui les mènent de Paris à Rome en passant par la Suisse, Capri mais surtout la Côte d'Azur, ils seront de ces expatriés américains en quête d'une vie sans prohibition, d'un excellent taux de change, mais surtout d'une activité artistique à la pointe de la modernité dans tous les domaines : peinture, littérature, musique et danse. À l'époque, Gertrude Stein s'exclame avec enthousiasme : « Paris, c'était là où se trouvait le vingtième siècle », « L'Amérique est passée de la barbarie à la décadence sans connaître la civilisation » ; et Fitzgerald de renchérir :

> Le meilleur de l'Amérique s'en va à Paris. Les Américains de Paris sont les meilleurs. C'est plus amusant pour une personne intelligente de vivre dans un pays intelligent. La France possède les deux seules choses qui nous attirent quand nous vieillissons : l'intelligence et les bonnes manières (*New York World*, 3 avr. 1927).

La frénésie et l'insouciance des Années folles semblent prendre fin avec l'infidélité de Zelda à Saint-Raphaël l'été 1924 et la publication de *Gatsby le magnifique* en 1925. Échec de librairie, il suscite les éloges de la critique et d'écrivains reconnus (T. S. Eliot, Gertrude Stein, Hemingway, Willa Cather ou Edith Wharton). L'auteur a enfin trouvé un style qui lui est propre, même s'il a puisé son inspiration chez Conrad ou James. Dépouillé de l'esthétique fin de siècle de *Paradise* et du réalisme de *The Beautiful*, *Gatsby* joue sur les images, les allusions, les échos, les rythmes, les couleurs et part en quête des secrets intimes de l'être. Désormais, Fitzgerald cisèle la langue, plus qu'il ne raconte une histoire. Il dit les angoisses et les tourments de l'être, lui qui a toujours été l'écrivain du désastre, mais qui s'était auparavant plié à des conventions commerciales.

Ainsi que l'avait prédit Henry Adams dans son auto-biographie de 1907 et que le remarquait maintenant Fitzgerald, le monde occidental était en proie à une véritable entropie qui allait tout bouleverser :

> Mais l'agitation de New York en 1927 atteignait l'hystérie. Les fêtes étaient plus grandes [...] le rythme était plus rapide [...] les spectacles étaient plus démesurés, les bâtiments plus hauts, les mœurs plus libres et l'alcool meilleur marché ; mais tous ces avantages n'engendraient pas réellement de vrai plaisir (LC, O, 27-28).

Dès 1927, Fitzgerald remarque la « névrose collective » d'une Amérique qui s'emballe selon « la loi de l'accélération » exposée par Henry Adams :

> C'est vers cette époque que des contemporains à moi se mirent à disparaître dans le sombre gésier de la violence. Un camarade de classe tua sa femme et se tua à Long Island ; un autre tomba « accidentellement » d'un gratte-ciel, à Philadelphie ; un autre volontairement d'un gratte-ciel de New York. Un autre fut abattu dans un bar clandestin de New York et se traîna jusqu'au Princeton Club pour mourir ; et un autre encore eut le crâne fracassé à coups de hache par un fou, dans un asile d'aliénés où il était enfermé. Ce n'étaient pas des catastrophes que j'allais regarder hors de ma route. C'était mes amis. En outre, ces choses ne sont pas arrivées pendant la Dépression, mais pendant le Boom (EJA, O, 16).

Alors que l'économie américaine court à sa ruine, les Fitzgerald sont sur la pente descendante ; « 1 000 fêtes et pas de travail », se plaindra l'écrivain dans son journal en 1925. L'argent comme les sentiments et la santé se « dissipent » vite, trop vite, et bientôt c'est le point de rupture. « Quelqu'un avait fait une gaffe et l'orgie la plus chère de l'Histoire était terminée » ; l'Âge du Jazz n'avait été qu'un « sursis » volé à l'Histoire (EJA, O, 18). Alors que Wall Street s'effondre, Zelda succombe à ses problèmes psychiatriques et est internée en Suisse. Fitzgerald, lui, usé d'alcool, de difficultés d'écriture et de tourments sentimentaux, peine sur son quatrième roman, *Tendre est la nuit*, se rabattant sur des nouvelles alimentaires pour faire face à la maladie de Zelda et à l'éducation de leur fille Scottie. Après dix-sept versions et neuf années de labeur, le roman est publié en 1934. Mais les choses ont changé, l'Amérique ne s'amuse plus des aventures et du désenchantement de ses riches expatriés ; l'humeur est au social, au réalisme, à l'engagement politique ; Fitzgerald est passé de mode, on lui préfère Hemingway, Dos Passos, ou Steinbeck. Il se plaît à remarquer : « Je parle avec l'autorité de l'échec, Ernest [Hemingway] avec l'autorité du succès » (*Notebooks*, 318). Quand en 1936, incapable d'écrire, il se sent sombrer et publie pour se tenir à flot les articles de *La Fêlure* dans *Esquire*, il avoue que « La fêlure est en [lui] » (*CU*, 44). Son désespoir est mal compris par une époque qui trouve sa « banqueroute émotionnelle » profondément égoïste ; Dos Passos s'exclame avec virulence : « Bon Dieu mon vieux, comment trouves-tu le temps au milieu de la conflagration générale pour t'inquiéter de trucs pareils ? »[1]. Hemingway lui conseille de prendre une bonne assurance sur la vie et promet de lui trouver un tueur professionnel. Enfin, il se moque ouvertement de lui dans *Les Neiges du Kilimandjaro* (1936) en critiquant sa fascination pour les riches hors de mise au cœur de la Dépression des années trente. Néanmoins,

---

1. *Cf.* Matthew J. Bruccoli, *Some Sort of Epic Grandeur: The Life of F. Scott Fitzgerald*, 478.

tout au long de l'année 1936, Fitzgerald récidive avec « La Maison d'un écrivain », puis le pathétique « Après-midi d'un écrivain » et enfin, « La Mère d'un écrivain ». Il tente désespérément d'écrire sur son incapacité d'écrire et sa gloire déchue : « Pas un truc, dit-il, je viens de déchirer tout ce que j'avais écrit. Ça ne valait rien. Je sors cet après-midi.» (AA, O, 735). Bien qu'on lui reproche de s'apitoyer sur son sort et qu'il fasse preuve de peu d'enthousiasme lui-même, ces textes de l'écrivain mis à nu demeurent parmi ses meilleurs et appellent même ce commentaire de Cioran :

> *Ainsi les admirateurs de Fitzgerald déplorent qu'il se soit appesanti sur son échec, et qu'il ait, à force de s'y pencher et de le ruminer, gâché sa carrière littéraire. Nous déplorons, au contraire, qu'il ne lui ait pas voué assez de fidélité, qu'il ne l'ait pas suffisamment approfondi ni exploité. C'est d'un esprit de second ordre que de ne pouvoir choisir entre la littérature et «la vraie nuit de l'âme»*[2].

En effet, dans ses articles et essais du désespoir, Fitzgerald touche à la perfection car, selon sa propre formule, il est parti d'une émotion qui lui était propre :

> Que ce soit arrivé la veille ou il y a vingt ans, j'ai besoin d'une forte émotion pour commencer à écrire – émotion qui me soit familière et que je sache déchiffrer » (HFS, 14).

Il soutenait que son écriture pouvait se lire comme du braille car elle reflétait ce qu'il avait pris le plus à cœur, de son amour malheureux pour Ginevra King à ses déboires hollywoodiens avec Joe Mankiewicz (*Notebooks*, 163).

Acculé financièrement, il est sauvé par un contrat à Hollywood que lui a trouvé son agent Harold Ober. Comme Faulkner et tant d'autres, il rejoint ce que ce

---

2. Cioran, *Œuvres*, *Exercices d'admiration*, Gallimard, 1995, 1618-1619.

dernier nommait « les mines de sel » et qu'il décrit comme « Une ville minière au pays du lotus » (*LT*, 26). Il s'éreinte alors sur des scénarios peu en accord avec son style qu'on lui retire souvent sans ménagement. Il découvre, déçu, qu'il n'a plus l'aura d'autrefois, que ses livres ne sont plus en librairie, qu'on le croit déjà mort. Dans un univers commercial qui a oublié son heure de gloire, il met un point d'honneur à se présenter comme « Scott Fitzgerald, l'écrivain ». Quand il meurt en 1940, il laisse un manuscrit inachevé auquel il avait décidé de consacrer toute son énergie : *Le Dernier Nabab*. Il sera publié en l'état, de façon posthume, l'année suivante, par son ami Edmund Wilson. Du moins l'usine à rêves lui aura-t-elle fourni matière à écrire un grand roman hollywoodien ayant comme héros un mélange d'Irving Thalberg et de lui-même. Comme l'avait deviné le jeune Budd Schulberg avec qui il avait coopéré sans succès sur le scénario de *Carnaval d'hiver*, *Le Dernier Nabab* était le chant du cygne d'un écrivain oublié, usé physiquement, mais qui n'avait rien perdu de son talent et était en chemin pour un ultime chef-d'œuvre :

> *Il fut empoigné par l'ensemble, entraîné par la magnificence baroque, braque, mythique de ces personnages lunaires et protéens que l'on eût dit faits de tubulures démontables… entraîné jusqu'au bout de… trois chapitres seulement!*[3]

Toujours en phase avec son temps, Fitzgerald s'éteignait avec le monde de l'entre-deux-guerres qui prenait fin pour laisser place au conflit qui allait fracasser les démocraties.

Oublié depuis une décennie au moment de sa mort, Fitzgerald sera redécouvert dans les années cinquante. On aime alors à le décrire comme l'incarnation et le

---

3. Budd Schulberg, *Le Désenchanté*, Paris, Laffont, 1991, 426-427. Dans ce roman à clé, Fitzgerald est Halliday et le jeune Schulberg, Shep.

chroniqueur de l'Âge du Jazz, le romancier d'amours romantiques entre jeunes gens pauvres et garçonnes frivoles, le chantre de la mort du Rêve américain et l'écrivain de la fêlure pour qui « toute vie est un processus de démolition » (*CU*, 39). Pour beaucoup, il demeure celui qui admirait naïvement les riches, gaspillait son énergie en frasques absurdes et gâcha son talent et sa santé à force d'alcool. Certes, ce sont là des facettes de l'homme et de son œuvre, mais son écriture est plus que la description étincelante de la société américaine de l'entre-deux-guerres ou l'expression d'une fêlure égoïstement personnelle. Mondain paradoxal, il décrit en réalité moins le paraître que l'être. Plus que l'écrivain du faste, Fitzgerald est celui de l'intériorité. Au-delà de son orgueil, de ses incertitudes, il dit l'être dans sa fragile vérité car il ne tient jamais de discours, mais demeure dans l'instinctif et le pressenti. Il fouille dans les recoins de l'être, tente de pénétrer ce qui lui est étranger car pour lui,

> ce que l'on exprime dans une œuvre d'art c'est la destinée tragique et obscure d'être l'instrument de quelque chose d'incompris, d'indéchiffrable, d'inconnu (*Lettre à Zelda*, fin printemps 1932).

CHAPITRE 1

Guerre des sexes

This is the monstruosity in love, lady, that the will is infinite and the execution confined, that the desire is boundless and the act a slave to limit.
William Shakespeare, *Troilus and Cressida*, III, 2, 85.

En 1920, lorsque Fitzgerald fit son entrée remarquée sur la scène littéraire avec *Paradise*, il lançait une véritable bombe sociale avec son portrait de la jeune fille révolutionnaire des Années folles, la « *flapper* ». Il dévoilait alors au public ses habitudes et son caractère, à la vive consternation de nombreuses mères puritaines encore ignorantes des frasques de leur progéniture, au grand plaisir d'une jeunesse américaine ravie de devenir la vedette d'une œuvre littéraire. Cette jeune fille nouvelle allait rester l'élément primordial de sa vie et de sa fiction. Elle allait faire sa célébrité, mais aussi lui coller à la peau jusqu'à l'écœurement, les magazines lui réclamant obstinément des histoires juvéniles de *flappers*. Dégoûté, Fitzgerald écrira : « Je vais devenir fou si je dois faire une autre histoire de débutante, et c'est ce qu'ils veulent » ; ou encore : « Si j'ai de quelque façon influencé les manières de la jeune fille américaine contemporaine, il est sûr que j'ai saboté le boulot », (*L* à Perkins, 31 déc. 1920, à E. Wilson, printemps 1925). Si, malgré sa description d'une jeunesse révolutionnaire, il est tenu pour un écrivain chaste dont la sexualité s'arrêterait au niveau des lèvres, il est évident que ses œuvres ressassent les questionnements sexuels obsédants d'une société puritaine se dépouillant de ses inhibitions.

La *flapper*

La jeune fille idéale d'avant-guerre, vaporeuse et pudique, fut remplacée dans les années vingt par la *flapper* des caricatures de John Held Jr, mise en scène dans les textes de Fitzgerald : elle avait raccourci ses robes, abandonné son corset et portait des bas de couleur chair ; son vêtement tentait de proclamer sa liberté sexuelle. Non contente de cette liberté vestimentaire, elle en revendiquait une autre en coupant ses cheveux. Tout naturellement, Fitzgerald, le champion de la *flapper,* a intitulé une de ses nouvelles : « Bernice se fait couper les cheveux ». Toutes ses héroïnes semblent avoir une coupe à la garçonne.

L'utilisation intensive du maquillage, auparavant réservé aux femmes de moralité douteuse, est un autre signe que la garçonne a pour objectif premier de plaire et de séduire. Toutes les héroïnes de Fitzgerald sont poudrées et maquillées, certaines outrageusement même comme la sœur de Myrtle (*GG*, 47-48). Ce maquillage est un masque, une peinture de guerre convenant à la lutte implacable des sexes.

Un des accessoires courants de cette guerrière est le collier de perles qu'elle brandit en dansant de sauvages danses de guerre aux accents tribaux : c'est « L'Âge du Jazz ». Daisy en reçoit un en cadeau de mariage (*GG*, 94) et Tom va peut-être lui en acheter un autre à la fin du roman (*GG*, 202). Même sur la plage, Nicole ne quitte jamais le sien (*T*, 20-21, 35). Cet ornement peut rappeler une chaîne gardant ces femmes esclaves de leur époux, il peut ressembler aussi à un lasso que la garçonne lancerait pour capturer ses proies. Lorsque Maria Wallis tue son amant, quelqu'un remarque que son revolver est une « vraie perle » (*T*, O, 85). Chaînes, ces colliers ne peuvent retenir la garçonne contre son gré.

Ces femmes sont souvent sportives, comme Jordan, championne de golf aux allures de « jeune élève officier »

(*GG*, 29), ou Rosemary qui pratique la natation. Libres de leurs gestes, elles le sont également de leurs déplacements et parcourent les continents non accompagnées ou entre elles. Ce sont aussi des conductrices automobiles et non des moindres !

Si elles se nomment garçonnes, si leurs cheveux sont courts, leur art de la séduction n'en est pas réduit pour autant. La garçonne est une séductrice consommée, une « vamp » (*BD*, 43). Les héroïnes de Fitzgerald et la plupart de ses personnages féminins secondaires, se résument dans la « femme fatale » (*BD*, 117). La garçonne est une garce, non un garçon manqué ; elle est surféminisée et si elle feint de prendre des allures masculines, c'est pour faire languir son partenaire et jouir de son pouvoir de détentrice des attributs érotiques. Bien souvent, ce n'est qu'une vulgaire allumeuse qui fixe les limites de ce qu'elle voudra bien accorder. Telle une araignée ayant tissé sa toile et saisi sa victime, Nicole crie victoire quand Dick succombe à son charme : « C'est moi qui ai gagné... il est à moi ! » (*T*, 246). Jordan contrôle émotions et sexualité par la dissimulation et le mensonge, à distance respectable afin de ne pas trop s'impliquer. Daisy pratique le charme de sa voix envoûtante qui semble toujours promettre pour ne jamais rien accorder :

> On percevait dans sa voix une note d'excitation dont les hommes qui l'ont aimée se souviendront toujours : une vibration musicale, une exigence impérieuse et chuchotée : «Écoutez-moi, écoutez-moi ! » (*GG*, 28).

Dans *Paradise*, Fitzgerald dresse un portrait détaillé de la garçonne, dont les caractéristiques majeures se retrouveront chez toutes ses héroïnes mêmes plus âgées. Son égoïsme et son hédonisme sont résumés au début du chapitre « La Débutante » : « Sa philosophie est *carpe diem* pour elle et laissez-faire pour les autres » (*S, O*, 158). Lorsqu'Alec se renseigne pour savoir si Rosalind, la garçonne type, se comporte bien, Cecilia lui répond : « Oh ! elle est dans la moyenne : elle fume parfois, boit du punch, se laisse embrasser souvent » (S, O, 158). Elle joue un jeu cruel avec les hommes de son entourage : « Elle traite les hommes de façon affreuse. Elle les malmène, les blesse, les laisse tomber et leur baille à la figure – et ils en redemandent » (S, O, 157). Il n'est pas anodin de remarquer que la majeure partie du chapitre « La Débutante » est rédigée sous forme dramatique, la forme du théâtre qui dit bien le jeu cruel de Rosalind avec les hommes (S, O, 161-164).

Si ces femmes adorent que les hommes les distraient, elles apprécient encore plus le rôle d'organisatrice, où elles trouvent une jouissance supérieure. Elles mènent la danse lors des fêtes de Gatsby :

> Brusquement, l'une de ces nomades, dans une irisation d'opale, happe un cocktail au vol, le vide d'un trait pour se donner du courage, et, remuant les mains comme Joë Frisco, se risque à danser seule sur l'une des bâches tendues. Une brève accalmie ; l'obligeance du chef d'orchestre qui consent à suivre son rythme ; une fausse rumeur qui grandit, affirmant que cette jeune personne est la doublure de Gilda Gray, star des Ziegfeld Follies. La soirée vient de commencer (GG, 59).

Comme elles animent la soirée seules, elles mèneront le jeu de l'amour.

Ces jeunes filles émancipées sont aux antipodes de leur mère pour qui le mariage et la maternité constituaient les fondements de la société. Dans *Paradise*, Beatrice annonce le désintérêt des femmes pour le mariage par son comportement conjugal désinvolte (S, O, 12). Eleanor déclare avec amertume qu'elle est vouée au « naufrage de son futur mariage » (S, O, 216). Pleinement consciente de l'injustice de sa place de femme, elle se révolte (S, O, 216). Voyant qu'elle a donné naissance à une fille et ayant peu d'illusions sur le statut féminin dans la société, Daisy déclare à la manière de Zelda : « Parfait, […] je suis contente que ce soit une fille. J'espère qu'elle sera idiote. Pour une fille, c'est la meilleure place à tenir sur terre – celle d'une ravissante idiote » (*GG*, 35). Dans *The Beautiful*, Gloria se déclare farouchement anticonformiste, rejetant le mode de vie de ses parents (*BD*, 81), puis elle s'insurge contre les mariages traditionnels, si insipides :

> Quels vers rongeurs, les femmes, pour ramper sur leur ventre, dans des mariages incolores ! […] Quel destin – devenir ronde et disgracieuse, perdre l'amour que j'éprouve pour moi-même, penser en termes de lait, flocons d'avoine, nourrice, couches (*BD*, 175).

Isabelle Archer, l'héroïne de Henry James, se laisse piéger par le jeu du mariage malgré ses convictions premières ; les héroïnes de Fitzgerald entendent, elles, utiliser le mariage à leurs fins, ne reniant jamais leurs rêves d'indépendance. Luttant contre leur destinée d'épouse et de mère, elles se sentent « sophistiquées » (*S, O*, 13, 64 ; *GG, O*, 24 ; *R*, 55). Raffinées et cultivées, elles ne se contentent pas des plaisirs ordinaires prévus jusqu'alors pour les femmes. Elles se sentent exister quand elles peuvent s'affranchir des restrictions établies par le monde masculin. À la fin de *Tender*, Nicole se découvre une nouvelle jeunesse et un regain d'énergie quand elle parvient à dépasser les contraintes imposées :

> Tous les interdits promulgués par un monde d'hommes s'évanouissaient doucement dans ce radieux matin de printemps. Elle se sentait comme une fleur. Elle pensait comme une fleur (*T*, 422-423).

Les nouvelles femmes choquent parfois certains hommes aux réactions puritaines. Dans *Gatsby*, Tom et Nick montrent leur désaccord vis-à-vis de la liberté accrue dont jouissent certaines femmes. À propos de Jordan, Tom confie à Nick : « Ils ne devraient pas la laisser courir ainsi d'un bout à l'autre du pays » (*GG*, 25). À la fête de Gatsby, il reprendra le même sujet mais de façon plus générale (121-122). De toute façon, pour lui, « la civilisation court à sa ruine ! » (31). Son ultime terreur quant à la chute des valeurs traditionnelles serait les mariages mixtes entre Blancs et Noirs. Amory aussi est un peu choqué par les nouveaux comportements féminins (*S, O,* 60).

Si ces femmes scandalisent leur entourage, c'est qu'elles sont en quête de plaisir, à la recherche intime d'une jouissance qui leur est propre et demeure un mystère pour des hommes qui ne s'y sont jamais intéressés auparavant. Les nouvelles femmes n'ont plus crainte d'avouer leurs désirs. Nicole prend conscience du vernis social qui recouvrait sa nature et choisit la liberté : « Ou bien on réfléchit soi-même, ou on laisse les autres réfléchir pour vous, prendre barre sur vous, détourner ou conditionner vos instincts naturels, vous civiliser, vous stériliser » (*T,* 441). Si Dick la compare au pin de Géorgie (*T,* 422), «*Georgia pine*», c'est non seulement pour sa dureté, mais aussi pour la puissance de son désir car c'est une allusion au verbe «*pine*» qui signifie « désirer ardemment » ou « se languir ».

Myrtle, sans doute la plus libre sexuellement de toutes ces femmes, paie de sa vie le prix de cette liberté. Sa gestuelle exprime une sensualité exacerbée et un défi lancé à la moralité ; sa vitalité sans cesse évoquée fait allusion à l'immensité de son désir sexuel :

> Il émanait d'elle une énergie vitale qu'on percevait d'instinct, comme une braise sous la cendre, une tension de tout le corps prêt à s'enflammer. Elle sourit doucement et, sans égard pour son mari, le traversant comme s'il n'était qu'un fantôme, elle vint prendre les mains de Tom, et le regarda dans les yeux. Puis elle passa la langue sur ses lèvres (*GG,* 43-44).

Lors de leur première rencontre, elle ne pense qu'à une chose : « On n'a qu'une vie, on n'a qu'une vie » (*GG,* 54) ; la jouissance est à savourer dans l'instant.

À l'image de Myrtle, nombre d'héroïnes entretiennent des liaisons extra-conjugales. Quand Nicole se sent guérie, elle prévoit avec délice d'avoir un amant ; d'abord elle hésite un peu (*T*, 422), puis elle affirme son désir avec détermination : « Elle cherchait une "aventure", une vraie. Elle cherchait un changement » (*T*, 444). Sa relation avec Barban est mise en parallèle avec celles des « poules » françaises et des soldats américains (*T*, 450), ce qui lui nie toute qualité sentimentale. L'avenir de Nicole est peuplé d'hommes qu'elle pourra posséder sans les aimer :

> Elle eut un petit frisson de plaisir en pensant qu'elle était engagée sur un chemin nouveau, avec des horizons nouveaux qui s'ouvraient devant elle, des visages qu'elle découvrait, des visages d'hommes nombreux, qu'elle n'était pas obligée d'aimer, à qui elle n'était pas obligée d'obéir (*T*, 447).

Elle n'a aucun état d'âme à propos de son amant car elle rejette le statut de « Femme » conçu sur un modèle unique et immuable :

> Nicole était contente qu'il ait connu autant de femmes. Le mot lui-même n'avait plus aucun sens pour lui. Elle pourrait donc le retenir aussi longtemps que sa personnalité sublimerait un corps qui ressemblait à tous les autres (*T*, 450).

Si Nicole a eu besoin de temps pour se libérer de son vernis social, il en va différemment de Rosemary. C'est peut-être dans le monde du cinéma qu'elle a appris à exprimer ses pulsions les plus intimes ou pire, à les feindre, comme dans ses films. Son patronyme est Hoyt ; ce « y » ne saurait cacher la vraie nature de son caractère : bien que soi-disant vierge au début du roman, c'est une fille sensuelle en quête d'aventure qui nous est d'abord présentée brûlante sous le soleil de la Côte d'Azur, bonne nageuse sensuelle qui n'hésite pas à se lancer dans les vagues (*T*, 18). Avec l'accord de sa mère, elle s'offre à Dick sans ambiguïté ; celui-ci, surpris, feint de ne pas comprendre :

> – Prenez-moi.
> – Pour aller où ?
> La stupeur l'avait pétrifié.
> – Faites, murmurait-elle. Faites, je vous en prie. Oh ! faites, quoiqu'on fasse. Peu importe si je n'aime pas ça. Je ne me suis jamais attendue à… comment dire ? J'ai toujours eu horreur de penser à ça. Mais maintenant, non. Maintenant, je veux que vous le fassiez (*T*, 108).

Autrefois dégoûtée par l'acte sexuel (*T*, 92, 108), elle réclame maintenant son expérience personnelle. Quelque temps après, les révélations de Collis Clay sur une sombre histoire entre un ami commun et la « pure » Rosemary achèveront de mettre Dick mal à l'aise (*T*, 144-145). Le motif du rideau baissé reviendra, lancinant, à travers tout *Tender*, tentant de dissimuler ce que Dick n'ose affronter, le désir et la jouissance féminine :

> – Vous permettez que je tire les rideaux ?
> – Faites, je vous en prie. Il y a vraiment trop de lumière (*T*, 145, 147, 153, 163, 265).

À Rome, Rosemary dévoilera sa personnalité de femme adulte. Son aventure avec Dick enfin consommée (c'est la première liaison extra-conjugale de ce dernier), elle lui avoue ouvertement avoir eu de nombreux amants depuis leur dernière rencontre (*T*, 330), source probable de son nouveau sex-appeal à l'écran (*T*, 331). Fitzgerald donne les exemples les plus flagrants et les plus réalistes de la liberté sexuelle féminine dans *Tycoon*. Kathleen a vécu avec un homme, puis l'a quitté ; elle se laisse entraîner dans une aventure sans lendemain avec Stahr, part avec un autre. Dans une maison inachevée du bord de mer, les deux personnages consomment leur amour lors de l'une des rares scènes explicites de l'œuvre de Fitzgerald :

Il ne tremblait plus et il la tenait de nouveau serrée, tandis qu'ils s'agenouillaient ensemble et glissaient à terre sur le manteau. Après, ils restèrent étendus sans parler, puis il se sentit déborder d'un amour si tendre pour elle qu'il la serra contre lui, au point qu'une couture de sa robe craqua (*LT*, 144).

Plus loin, Kathleen avoue : « Je crois que je souffrais d'un manque sexuel » (*LT*, 152). Cecilia aimerait devenir la maîtresse de Monroe Stahr, sans succès. Ses propos provocants font parfaitement écho au « Prenez-moi » de Rosemary :

– Je suis trop vieux et trop fatigué pour rien entreprendre.
Je fis le tour du bureau et je me plantai devant lui.
– Entreprenez-moi (*LT*, 119).

Elle n'a pas l'innocence des jeunes victoriennes et la découverte de la secrétaire nue de son père dans le placard du bureau ne la choque pas outre mesure (*LT*, 168). Elle déclare : « Nous ne réagissons pas aux insultes comme l'auraient fait nos mères » (*LT*, 114).

Outre sa liberté de comportement, l'héroïne de Fitzgerald est dure, puissante et riche. Toutes les femmes de *Gatsby* sont associées au thème de l'argent, sexualité et argent étant souvent indissociables. Dans la nouvelle « Rêves d'hiver », prélude à *Gatsby*, Judy Jones snobe le jeune Dexter du haut de sa fortune. Dick, lui, se sent dans la peau d'un « gigolo » à cause de l'argent « pourri » de sa belle-famille (*T* 315). Mrs Speers a élevé Rosemary pour qu'elle soit solide et économiquement indépendante : « Je t'ai habituée à l'idée du travail – pas vraiment à celle du mariage. [...] Sur le plan matériel, tu n'es pas une fille, tu es un garçon » (*T* 71). Elle pousse sa fille vers toute expérience qui pourrait l'endurcir, le duel entre McKisco et Barban par exemple (*T* 83). Effectivement, elle réussira alors à garder son sang-froid, bien mieux que Campion qu'elle rabroue pour sa mièvrerie.

Nicole, comparée à une statue de Rodin (*T*, 36) et dont le visage semble fait d'ivoire et d'or (*T*, 225), a la froideur et la puissance d'une sculpture : « Nicole représentait une vraie force – moins facilement prévisible, moins bénéfique que celle de sa mère, mais une force impressionnante » (*T*, 101). Elle est faite du bois le plus dur : le « pin de Géorgie » (*T*, 422). Rosemary n'aimerait pas la « compter parmi ses ennemis » (*T*, 41). Sa sœur Baby est d'autant plus forte qu'elle n'a pas subi le traumatisme de l'inceste. Dans ses relations avec Dick, elle est froide, calculatrice, efficace, elle a « quelque chose de figé, de fossilisé, à la frange de l'onanisme » (*T*, 241). Alors qu'elle discute affaires avec lui, elle perd ses attributs féminins et ressemble étonnamment à son grand-père (*T*, 278). Quand il s'agit de tirer Dick de prison à Rome, son efficacité est redoutable ; le consul ne peut résister à sa détermination :

> Celle qui se tenait devant lui, vindicative et survoltée, était la Femme Américaine. La lutte était trop inégale. Comment pouvait-il s'opposer à cet instinct de nettoyage, de stérilisation, qui avait anéanti le moral d'une race entière et transformé en nursery un continent ? (*T*, 361-362).

La force des héroïnes de Fitzgerald semble résider dans leur habileté à utiliser le monde masculin à leurs fins. Elle caractérise également les personnages féminins secondaires. McKisco se sent obligé d'aller au duel à cause de sa femme (« Quand elle a l'avantage sur vous, elle est impitoyable », *T* 80). Les « mères des soldats morts au champ d'honneur » sont craintes et respectées pour leur force et pour leur courage (*T*, 163). Dans *The Beautiful*, Fitzgerald remarque que l'Amérique est

> un pays [...] où des femmes laides commandent à des hommes forts [...]. Des femmes aux mentons fuyants et aux nez informes circulent en plein jour et disent : « Faites ceci ! » et « Faites cela ! ». Et tous les hommes,

même les plus riches, obéissent implicitement à leurs femmes auxquelles ils se réfèrent par des appellations sonores comme « Mrs Une telle » ou « notre épouse » (*BD*, 41-42).

Au-delà de leur force économique, la puissance des nouvelles femmes tient à leur froideur et à leur détachement. La mère de Gloria sait que sa fille est « froide » avec les hommes et qu'« elle les [réduit] au désespoir » (*BD*, 102, 99). Au début de *Gatsby*, Nick remarque le manque de désir dans les yeux de Daisy et Jordan (*GG*, 30), immunisées contre les douleurs de l'existence. Blasée, Daisy déclare : « J'ai été partout, j'ai tout fait, j'ai tout vu » (*GG*, 36). Après l'accident, Gatsby s'inquiète pour elle mais affirme : « Elle l'a très bien supporté » (*GG*, 162).

C'est à travers l'imagerie littéraire que l'auteur nous fait réellement prendre conscience du statut de combattante invincible de ses héroïnes en route vers la victoire dans la guerre des sexes. De la sorcière au vampire, en passant par la sirène, la déesse guerrière antique ou la belle dame sans merci, toutes ses images de la *flapper* indiquent une profonde insécurité masculine qui correspond aux incertitudes amoureuses et sexuelles de l'auteur. En fin de compte, l'héroïne fitzgeraldienne semble être essentiellement une mante religieuse qui dévore son partenaire après l'accouplement.

« L'homme épuisé »

Face à cette *Aphrodita americana*, le héros ne pourra pas se conduire comme ses pères, sauf à aller à sa perte. Quel comportement adopter dans un conflit auquel il ne peut se soustraire ? Confronté à une femme qui se débrouille seule, indépendante économiquement et spirituellement, le héros est profondément déconcerté ; son rôle protecteur et chevaleresque n'a plus cours, pourtant il essaie encore désespérément de le remplir, inconscient que l'homme héroïque appartient au passé. Si les héroïnes de Fitzgerald ont des prénoms romantiques aux consonances moyenâgeuses, étrangères ou florales – Myra, Isabelle, Clara, Rosalind, Eleanor, Gloria, Kathleen, Nicole, Rosemary, Josephine, Constance, Daisy, Myrtle… –, ce n'est que pour mieux mesurer le chemin parcouru depuis les époques où les femmes se conformaient à l'image romantique et orientale qu'avaient d'elles les hommes, pour induire les héros en erreur sur leur degré de soumission, de romantisme et d'innocence. Jusqu'au bout ils ont l'illusion qu'ils peuvent et doivent « prendre soin » de leur compagne qui, en fait, se moque de ces attentions. Baby propose en quelque sorte d'acheter un docteur pour Nicole, pour « quelques années » (*T, O*, 151). Mais Dick se lance à corps perdu dans l'entreprise, prêt à y consacrer sa vie entière, persuadé que Nicole aura toujours besoin de lui. Plus tard, Rosemary a l'impression qu'il agit de la même façon protectrice avec elle (*T*, 43). Avec Daisy, Gatsby a dès le début un comportement chevaleresque et protecteur hors de mise. Croyant avoir à faire à « la première jeune fille "comme il faut" qu'il avait jamais rencontrée » (*GG* 168), leur aventure engagée, il s'était senti « marié avec elle » (169) ; cet homme naïf n'a pas compris que les temps ont changé et que les jeunes filles « comme il faut » sont dangereuses et sans scrupules. Il ne se rend pas compte que les femmes n'ont plus besoin que l'on « prenne soin » (152) d'elles et que Tom ne remplit pas ce rôle. Amory s'aperçoit peu à peu que ses conquêtes ne correspondent pas à leur prénom et ne lui offrent pas une place de héros. Il finit sa période d'initiation à l'amour désabusé : « Il n'y avait plus de sages. Il n'y avait plus de héros » (*S, O*, 238). Le héros fitzgeraldien est « le dernier des princes » (*LT*, 51), il ne trouve plus femme à la hauteur de ses ambitions ; quand il s'imagine l'avoir conquise, il fait toujours erreur.

À défaut de remplir leur rôle romantique et héroïque avec des compagnes adéquates, les protagonistes explorent leur propre équilibre entre féminité et virilité, espérant trouver réponse au comportement nouveau que leur opposent les femmes. Certains sont efféminés, comme Campion – la perte du « h » indique qu'il ne sera le champion d'aucune femme. Mais d'autres (Dick, Abe North) semblent valoriser le féminin en eux. Au début de *Tender*, Dick porte un costume de bain qui fait s'exclamer McKisco : « Ah ! ça, on dirait une vraie folle !» (*T*, 43). Il apparaîtra ensuite comme un être extrêmement méticuleux qui s'occupe de sa plage avec un soin ménager tout féminin. Véritable maîtresse de maison, il est aussi le spécialiste des soirées réussies. Mère et chevalier, il veut aider et être admiré (323) ; il reconnaît avoir un profond besoin d'affection : « Il se disait enfin, si c'était compatible, qu'il voulait être aimé » (214). Il sera détruit par son amour pour Nicole qui a tout de suite perçu une faille dans sa personnalité – « *Êtes-vous efféminé ?* » – et remarqué sa tranquillité de «*gros chat*» (195). Le substantif «*sissy*» (*T*, O, 120) peut être une allusion à son ambiguïté sexuelle. Il dira lui-même au professeur Dohlmer : « Je n'y vois pas très clair en moi » (223). Si l'on prend l'adjectif « clair » («*straight*» en anglais, *T*, O, 138), au sens de « normal » ou d'«hétérosexuel», cela pourrait constituer une réponse à la question de Nicole.

L'incertitude des protagonistes sur leur virilité difficilement assumée est grande et fait écho aux propres doutes de Fitzgerald. Campion est à l'extrémité de l'échelle de la virilité sur laquelle s'étagent les personnages masculins. Il est d'ailleurs « la seule victime » du pseudo-duel (*T*, 87). Dans *Tycoon*, Monroe Stahr doit rassurer Roderiguez qui se croit frappé d'impuissance (*LT*, 62-66). Dans *Tender*, alors que Rosemary nage avec vivacité, le ridicule McKisco ne sait pas respirer dans l'eau (*T*, 24) ; quant à Dick, dans la dernière partie du roman, il évite les plongeons de haut (*T*, 431) et ne parvient plus à réussir son exhibition en ski nautique (*T*, 432-433). Il peine à jouer un rôle actif dans une relation amoureuse

(« Un amour vivant, véritable. C'est très complexe »,
T 125). Anthony Patch s'interroge avec angoisse :

> Avait-elle été émue ? Dans ses bras, avait-elle parlé un
> peu – ou pas du tout ? Dans quelle mesure avait-elle
> joui de ses baisers ? Et s'était-elle jamais abandonnée, si
> peu que ce fût ? (*BD*, 136).

Certains mystères de la féminité lui restent impénétrables. Wilson, lui, ne s'interroge plus ; il a mis toutes ses
forces dans une tentative de soumission à une épouse qui
ne lui en est pas reconnaissante, sa virilité a été bafouée,
il n'est plus qu'une « poupée » (*GG*, 160), rabaissé plus
bas que terre par Myrtle qui dit de lui avec mépris : « J'ai
cru que c'était un gentleman […]. J'ai cru qu'il avait
quelques notions de savoir-vivre. Mais il n'est même pas
digne de cirer mes chaussures » (*GG*, 52). L'imagerie du
cheval évoquant la puissance sexuelle masculine apparaît, confusément associée aussi bien aux hommes qu'aux
femmes. Elle n'annonce ni luxure, ni supériorité machiste
mais la confusion née d'une sexualité qui effraie.

Outre cette difficulté à préserver leur virilité, les héros
sont confrontés à l'image assez négative de ceux qui ont
réussi ce tour de force. Tommy Barban, l'homme viril par
excellence, et son double dans *Gatsby*, Tom Buchanan, ont
peut-être réussi à faire face à la nouvelle *Aphrodita americana* et à préserver leurs caractéristiques masculines, mais
ils font partie des personnages les plus déplaisants et le fait
que les nouvelles femmes les choisissent comme compagnons en fin de course est chargé de connotations
funestes, comme le suggère, par exemple, la comparaison
de Tommy à Lucifer (*T*, 448). Le duel, souvenir d'une
époque romantique et héroïque, n'est qu'une parodie
quand il se déroule entre un brutal Tommy et un McKisco
mort de peur et inexpérimenté ; il se termine d'ailleurs
dans le ridicule absolu, les deux coups ayant raté leur
cible, Campion agonisant de peur dans les fourrés (*T*, 87).

Les « nouveaux Césars » sont peu sympathiques ; ce sont néanmoins les seuls à faire face au combat et à s'en tirer indemnes. Peut-être est-ce parce qu'ils ne doutent jamais d'eux-mêmes et ne s'interrogent pas sur les nouvelles femmes. Ils continuent à exercer leur droit de seigneur sans s'apercevoir que la victime s'est transformée en prédateur. Alors qu'Abe North déclare ne plus supporter « cet univers de femmes » (*T*, 134) et qu'Amory, déçu, désire les fuir, Tommy et Tom ont beaucoup d'aventures amoureuses et en sont fiers. Ce sont des *Tom cats*, des « matous » de l'amour. Leur description insiste sur la force et la cruauté du corps (*GG*, 25), sur l'allure athlétique (*T*, 38, 448). Pour ses deux protagonistes les plus virils, mais les moins sympathiques, Fitzgerald n'a pas fait preuve d'originalité dans le choix des noms : Tom et Tommy sont dérivés du même prénom ; quant aux patronymes, ils ont des sonorités identiques (« b » et « a ») et les mêmes connotations guerrières, Buchanan faisant penser à « canon » et Barban à « barbare ».

Les nouvelles femmes choisissent ces « nouveaux Césars », laissant tomber les hommes mieux équilibrés. En deux occasions, Daisy opte pour la vie avec Tom, que Myrtle avait choisi comme amant. Nicole abandonne Dick pour Tommy. Mary North, après son mariage avec le musicien Abe North, épouse un oriental, puissant propriétaire de mines de manganèse. Gloria conserve Anthony, maintenant riche ; ainsi nantie, elle n'aura à partager son pouvoir avec personne, son mari étant dépossédé de toute volonté personnelle.

L'homme oriental est seul à pouvoir encore être un héros ; c'est le côté français de Tommy qui lui confère des capacités qui échappent à Dick et Abe :

– En français, vous pouvez être à la fois héroïque et chevaleresque, sans perdre votre dignité, et vous le savez. En anglais, si vous êtes héroïque et chevaleresque, vous devenez un peu ridicule, et vous le savez aussi. Ce qui me donne un avantage (*T*, 413).

L'Américain, lui, ne peut faire face que s'il est un Tom Buchanan, sinon il se révèle faible et ridicule comme l'ambassadeur à Rome qui semble représenter une nation d'hommes sur le déclin (*T*, 356). Nicole feint de s'interroger, mais, en fait, elle sait, ou pressent, que l'Américaine est responsable de la chute de son partenaire :

> – Aujourd'hui, il y a beaucoup de gens remarquables qui choisissent de se détruire eux-mêmes.
> – Pourquoi aujourd'hui ? demanda Dick. Ils l'ont toujours fait. Les hommes remarquables frôlent constamment le bord du précipice. Ils ne peuvent pas faire autrement. Quelques-uns ne le supportent pas. Ils renoncent.
> – Ça vient d'autre chose. Quelque chose de beaucoup plus profond. […] Pourquoi ceux qui se détruisent sont-ils toujours des Américains ? (*T*, 161-162).

Ce ne sont pas seulement les Américains « remarquables » qui s'effondrent ; tous les hommes américains, mis à part les brutes à la Tom Buchanan, sont anéantis, les brillants Dick Diver comme les ridicules McKisco et McKee ou les faibles Wilson. Seuls les « nouveaux Césars » peuvent et aiment être confrontés aux nouvelles femmes, qui révèlent leur vraie nature. Tommy se moque des femmes bien « dressées » d'autrefois (*T*, 446).

Les héros tendent à ignorer l'altérité de la femme aimée. Dick fusionne avec Nicole par l'écriture quand il signe « Dicole » (*T*, 167). Ce « Dicole » manifeste un désir de domination phallique puisque le couple Diver deviendrait alors « Dick-all » : ascendant du héros sur Nicole, mais, plus encore, importance de la fonction phallique suggérée par la signification argotique du diminutif « Dick ». Nicole saura, à l'inverse de Dick, s'extraire de ce piège et reconstituer son entité indépendante à la fin du roman : « Je suis enfin devenue moi-même. Je peux me tenir debout toute seule » (*T*, 441). Gatsby ne perçoit l'amour qu'à travers son image de Daisy. La véritable Daisy n'existe pas à ses yeux. C'est parce qu'elle est « périssable » (*GG*, O, 118) qu'il considère sa relation avec Tom comme « strictement personnelle » (*GG*, 173). Amory souhaitait une compagne qui ne soit pas trop « féminine » (*S*, O, 89) ; Anthony reconnaît en Gloria son jumeau (*BD*, 157, 161). À la manière de Harry, dans *Les Palmiers sauvages* de Faulkner, qui rêve d'un monde sans sexes, les héros de Fitzgerald rêvent d'une femme « asexuée » qui ne leur poserait plus de problème (*S*, O, 161).

« La crevasse alpine entre les sexes »

Le couple fitzgeraldien sera donc explosif, sans avenir autre que la destruction d'au moins un des partis. Wilson, lui-même épave, naufragé du mariage, s'occupe d'épaves automobiles. Son couple désastreux annonce les autres, dérivés plus ou moins édulcorés. Le nouveau couple de l'entre-deux-guerres est à l'image de ceux, anonymes, des soirées de Gatsby, qui partent dans la nuit, ivres, agressifs, en proie à de violentes luttes intestines. Ces fêtes contiennent en miniature les différents stades guettant le couple fitzgeraldien. La danse exprime les émotions multiples qui assaillent les personnages. Le fox-trot élégant de Gatsby (*GG*, 124) proclame sa passion d'une essence supérieure, par opposition aux danses bachiques de ses invités :

> On dansait maintenant sur les bâches tendues en travers des pelouses. De vieux messieurs poussaient devant eux des jeunes filles, et leur faisaient décrire à reculons de petits cercles maladroits. Des couples plus experts s'étreignaient dans des figures acrobatiques et cherchaient des coins d'ombre – et beaucoup de femmes seules ne dansaient qu'avec elles-mêmes (*GG*, 64-65).

« Dans leur lutte pour la survie, les femmes doivent être capables de tout, ou de presque tout » (*T*, 259). Toutes les héroïnes finissent par s'en sortir tant bien que mal, alors que les héros sont anéantis, morts ou privés à tout jamais de leur vitalité. Même les plus naïfs craignent « la menace toujours présente de "la femme" » (*BD*, 93). Tommy Barban est le plus lucide, le mieux armé pour contrecarrer ces dangers : « Dresser des hommes, je connais ça. J'en ai brutalisé beaucoup pour les faire obéir. Mais les femmes, je ne m'y risquerais pas » (*T*, 446). Wilson est le vaincu, sa reddition sans appel : « Il était soumis à sa femme, sans aucune vie personnelle » (*GG*, 156). La nouvelle « Les Nageurs » présente en germe la femme castratrice de *Tender* :

> Elle était d'une grâce exquise et provocante, qui faisait d'elle le symbole même de la jeune fille américaine – symbole qui forçait à se demander si tout individu mâle n'était pas destiné à lui être sacrifié – comme, dans l'Angleterre du siècle dernier, on avait sacrifié les couches inférieures de la population pour permettre l'avènement de la classe dirigeante (TS, 457).

L'Amérique est désormais au service de la nouvelle *Aphrodita americana* et dirigée par elle. La guerre des sexes est la seule relation qui subsiste entre des hommes épuisés et des femmes à la force nouvelle. Les héros sont entraînés dans la lutte jusqu'à l'épuisement total. Avant le coup de grâce, la plupart reçoivent des punitions prémonitoires : Dick est battu à Rome et jeté en prison (*T*, 341-352), Anthony Patch est brutalement rabroué par Bloeckman et ses serveurs (*BD*, 495-496) ; Amory, passé à tabac un soir de beuverie (*S, O*, 189), conclut : « Ce n'était pas si désastreux quand il n'y avait que des hommes ou que des femmes, mais quand ils étaient vilement regroupés, c'était vraiment moche » (*S, O*, 232). La tragédie est dans la lutte des sexes, dans l'essai de fonctionner ensemble. L'écriture de Fitzgerald proclame

la fusion idéale impossible : l'homme s'inscrit immanquablement dans un univers fragmenté.

Cependant, la guerre est si rude que certaines femmes
aussi sont brisées à jamais. L'artiste peintre de la chambre
vingt (*T*, 289), le vingt de la décennie des garçonnes, est
passée à travers une bataille terrifiante ; son corps en est
marqué et cette douleur immense la conduira à la mort.
Malgré les paroles rassurantes de Dick, elle sait qu'elle est
allée au cœur des choses, aux limites extrêmes de la
connaissance et de la jouissance. Elle a voulu « explorer les
frontières de la conscience » (*T*, 292), la « crevasse alpine
entre les sexes » (*T*, O, 144), abîme indicible dont elle est
revenue couverte de plaies, sans réponse. Ce gouffre entre
les sexes est caractérisé par l'adjectif « alpine », ou plutôt
« *all pine* », qui suggère son lien avec le désir et la souffrance. Cette patiente « partage le sort de toutes les femmes
qui ont voulu provoquer les hommes au combat » (*T*, 290).

Amour et souffrance sont intimement liés. Fitzgerald
avait envisagé le titre « Victimes » pour l'une des parties
de *Tender*. Dick éprouvera la douleur ultime de ceux que
l'amour a brisés ; s'adressant à Nicole, il conclura : « Tu
m'as détruit, n'est-ce pas ? » (*T*, O, 271). Jouant au
conseiller expérimenté, Campion prévenait Rosemary :
« Dans quelques années, vous saurez à quel point on peut
souffrir quand on aime. Une souffrance à en mourir » (*T*,
72). Dick, ironique, précise que, tout comme Grant,
l'amour vient de mener son dernier combat et l'a perdu (*T*,
97). Malgré l'incrédulité moqueuse d'Abe qui prétend que
son ami veut « absolument dédier cette bataille à D. H.
Lawrence », Dick sait que l'amour les a meurtris tous les
deux, que son monde tranquille a explosé sur ce champ
de bataille : « Tout un monde qui est le mien [...], un
monde d'amour, de beauté, de sécurité, s'est sacrifié lui-
même ici, dans un ouragan de folie amoureuse » (*T*, 98).
Dans *Paradise*, le vocabulaire des garçonnes courtisées
par Amory dit que l'amour est dangereux et douloureux,

multiplement lié à la guerre et aux combats. Pour Rosalind, les histoires d'amour romantiques appartiennent à des temps révolus (S, O, 165). Abandonné par sa « belle dame sans merci » Amory est sentimentalement brisé (S, O, 191) et à Mrs Lawrence qui s'imagine que c'est l'armée qui l'a vieilli, il réplique : « C'est le résultat d'un autre combat, bien plus désastreux » (S, O, 192), la guerre des sexes. Amour et sexualité restent irréconciliables.

Malgré son extraordinaire vitalité, la femme incarne la mort, qu'elle ne semble pas craindre. Quand Nicole tente de provoquer un accident de voiture fatal, elle se moque de l'attachement de Dick à la vie (T, 302). Eleanor lance son cheval avec fougue en direction du précipice, au grand effroi d'Amory (S, O, 217). L'héroïne devient le pilier d'un univers qui fonctionnera à sa façon et porte en elle la promesse de mort qui terrifie et attire le héros. Elle le déconcerte, le remet en question et l'épuise tout en l'emmenant avec elle dans un voyage au plus profond de la nuit « si lourde de sensualité » (T, 70). La nuit qui attire Dick vers Nicole, cette obscurité fascinante et effrayante de la folie, ces « ténèbres érotiques » (T, O, 38) qui l'entraînent vers les profondeurs de sa sexualité par l'intermédiaire de Rosemary, c'est la nuit qui n'est pas tendre, mais ô combien cruelle et qui piège le héros comme une araignée avec sa toile ; c'est la grande nuit de l'inconscient, de l'inconnu, la nuit universelle de la mort, de l'énigme de la jouissance féminine, de la Chose originelle, et au-delà, celle de l'écriture.

Malgré cette guerre des sexes, il y a chez le héros fitzgeraldien un désir profond de fusion avec la femme aimée. Ce vertige commun qu'il recherche serait un moyen de reconquérir une partie perdue de lui-même, de mettre fin à ce que Bataille nomme la tragique « discontinuité » des individus[1]. Mais cette fusion est un leurre, le début d'une

---

1. Georges Bataille, *L'Érotisme*, Paris, Éditions de Minuit, 1992, 19, 22.

désillusion profondément amère. Avec l'avènement de la nouvelle femme, les dernières barrières de l'amour courtois s'écroulent. Les obstacles sociaux fixés par le code courtois évitaient à l'amant de s'interroger sur « la crevasse alpine entre les sexes ». La fin de son fonctionnement, avec la révolution sexuelle des années vingt, pose un problème insoluble au héros qui doit affronter la question sexuelle et comprend que la « crevasse » n'était pas due aux obstacles érigés par le code mais inhérente aux êtres. Cette sexualité, source de création chez D. H. Lawrence, est un fardeau pour le héros fitzgeraldien qui ne sait pas y faire face, ni la transformer en puissance créatrice.

Inquiet sur sa virilité, le héros qui croyait la femme unique et bien définie par des siècles d'amour courtois se retrouve décontenancé et incapable de l'affronter ; pris au piège de la guerre des sexes, il ne sait plus dire son désir, ayant reçu une éducation romantique inadaptée aux nouvelles femmes.

Dans *Une dame perdue* (1923), l'héroïne de Willa Cather s'étonnait de ces femmes modernes qui adoptent les mêmes comportements que les hommes. D. H. Lawrence montra qu'au vingtième siècle, les rôles sexuels s'inversaient sans que l'équilibre entre les sexes soit détruit. Fitzgerald présente, lui, une femme qui inquiète. Il conclut son premier roman en déclarant que pour son héros, « le problème du mal s'est cristallisé en celui du sexe » (S, O, 253). Onze ans après l'infidélité traumatisante de son épouse avec un aviateur français, il exprimera son impuissance à sonder les mystères de la féminité dans « Image au fond du cœur ». Le héros apprend que sa jeune épouse a eu une aventure, mais, comme Fitzgerald, ne saura jamais si cet amour a été consommé : « Lui songeait qu'il ne saurait jamais ; ce qu'elle pensait, elle, demeurerait mystérieux, insondable, à l'image du lac obscur qu'est le cœur de toute femme » (IH, 932). Il affirme même dans « Un Terme à la haine » :

« Il est des êtres pour qui le symbolisme féminin est into-lérable » (EH, 1013). Malgré les craintes qu'elles inspi-rent et les tourments qu'elles déclenchent, Fitzgerald est incapable de créer, à l'instar d'Hemingway, un monde d'*hommes sans femmes*[2]. S'il pouvait percer l'énigme de la féminité, il pourrait peut-être maîtriser la guerre des sexes dans sa vie et son œuvre. Pour lui, amour, sexua-lité, mort et écriture demeurent étroitement enchevêtrés. Comme l'alcool, le sexe sera un stimulant de l'écriture, un sujet d'inquiétude obsessionnelle. L'écriture bâclée équivaudra à un rapport sexuel peu satisfaisant, tout comme l'indique le nom du compositeur dont on joue le dernier morceau aux soirées de Gatsby : Vladimir Tostoff (*GG*, 68). Ce nom propre emprunté à Joyce signifie en argot tout aussi bien « se masturber » que « bâcler un texte ». Déprimé de devoir produire des nouvelles ali-mentaires en série aux dépens d'une écriture de qualité, Fitzgerald se plaindra à Hemingway de cet esclavage de « prostituée » (*L*, 9 sept. 1929). À la recherche de la vérité des êtres, son écriture remue et fouille ce qu'il nomme les « ténèbres érotiques » (*T*, O, 38), la « mer d'encre » (*T*, O, 39), l'« obscurité impatiente » (*GG*, 40). Alors qu'il sem-blait être uniquement un écrivain mondain et poétique, il dit la terreur ressentie par l'homme face à la menace que la féminité fait surgir sur son refoulement ; il tente de lever le voile sur une mystérieuse jouissance que des siècles d'amour courtois ont tenté de museler ; il s'attache à faire surgir la présence de ce que Freud nomma « le continent noir ».

---

2. Ernest Hemingway, *Men without Women*, New York, Scribner, 1927.

CHAPITRE 2

Malaise des origines

> Raconter, n'est-ce pas toujours chercher son origine,
> dire ses démêlés avec la Loi, entrer dans la dialectique
> de l'attendrissement et de la haine ?
>
> Roland Barthes, *Le Plaisir du texte*, 75.

Le malaise des origines relie la plupart des personnages et des romans de Fitzgerald. L'auteur présente souvent des protagonistes caractérisés par le trait typiquement américain de l'autocréation, prompts à nier ou à oblitérer leur ascendance. Cependant, malgré cette élaboration d'un « roman familial » imaginaire, les origines demeurent présentes et obsédantes, souvent enfouies au plus secret de l'inconscient. Fitzgerald fait le portrait d'une famille américaine en crise, où la position du père et de la mère est en profonde mutation, causant de nombreux bouleversements. Il met le doigt sur le mystère des origines et les troubles qui en découlent.

Un héritage inadéquat

La famille revient comme une obsession à l'esprit des personnages fitzgeraldiens. C'est un point d'attache, de « fixion », mais aussi un point de « fiction » car c'est elle qui charpente la narration. *The Beautiful* débute sur le détail des trois dernières générations de la famille Patch (14-16). Nick commence sa narration en précisant qui sont ses ancêtres et en rappelant les conseils moraux de son père (*GG*, 19-21). Gatsby est l'objet de nombreuses rumeurs, ses origines demeurant inconnues ; on lui invente des connections familiales romanesques, « C'est un cousin, ou un neveu, du Kaiser Guillaume II » (*GG*, 50). Apparemment sans famille, il a choisi une habitation évoquant histoire et tradition puisque c'est la copie d'un hôtel de ville normand à la bibliothèque gothique (*GG*, 23, 63). Il semble constamment inventer son roman familial, au risque de quelques contradictions (*GG*, 83, 108). Dans une société où la généalogie est obsédante et souvent perturbante, c'est l'histoire familiale de Biloxi l'inconnu que Jordan sait par cœur (*GG*, 146-147).

Dans *Tender*, les origines familiales pèsent de tout leur poids. Nicole est perturbée par son héritage familial, base de sa névrose. Elle se heurte à un silence lié aux origines qui la bouleverse profondément. Elle sait qu'elle est en clinique car on lui cache la vérité :

> Mais personne ne voulait m'expliquer. Ils voulaient m'en expliquer la moitié seulement, et j'avais la tête tellement embrouillée (*T*, 196).

Et elle se rebelle :

> Je suis fatiguée maintenant, fatiguée de ne plus rien savoir, fatiguée qu'on passe son temps à me le rappeler (*T*, 255).

L'explication de sa maladie est au cœur de ce non-dit familial et la guérison ne s'opérera qu'une fois que la patiente pourra prononcer le mot « père » sans tressaillir (*T*, 442). En attendant, elle sait dans quelle direction enquêter pour venir à bout de son mal. Son voyage à Timgad et son goût pour l'archéologie proclament son désir d'explorer les origines pour acquérir la connaissance qui la délivrera de sa névrose (*T*, 255).

Chez Fitzgerald, le roman familial est présenté comme corrompu. La famille américaine n'est souvent qu'un rassemblement d'imposteurs et de malfrats, comme ces employés douteux de Gatsby qui se disent « tous frères et sœurs » (*GG*, 132). Tom s'imagine être le dernier combattant des valeurs familiales traditionnelles (*GG*, 148), il n'est en réalité qu'une brute raciste qui trompe sa femme et ne se soucie pas de sa fille. Seule la famille européenne offre encore une assise solide. Franz, l'associé suisse de Dick Diver, et son épouse, Kaethe, forment une famille classique avec enfants et femme chargée des travaux ménagers (*T*, 371). Si leur vie n'a apparemment rien d'exaltant, Franz suit le parcours régulier et victorieux de la tortue, comme dans la fable de La Fontaine (*T*, 373). Il gagnera la course grâce à un équilibre familial disparu pour les Américains chez qui les rôles d'homme et de femme étant bouleversés, les responsabilités familiales ne sont plus assumées par qui que ce soit. La plupart des femmes ne remplissent pas leur rôle de mère ; les pères, eux, se laissent fléchir et dompter par ces femmes puissantes et castratrices. Somme toute, ces portraits de famille sont désolants et méritent que Tommy Barban se moque de « l'amour en famille » (*T*, 469), la famille constamment mise à mal, source de grincements de dents, d'ironie, de doutes et de névroses. *Daddy's Girl*, le film à succès de Rosemary, se termine sur une scène familiale qui fait grimacer Dick Diver (*T*, 116). Dans *Paradise*, Amory déclare amèrement : « Pourtant, quand je vois une famille heureuse, ça me rend malade » et son ami Tom lui réplique avec cynisme : « Les familles heureuses essaient toujours de donner cette impression » (*S, O*, 197). L'image sécurisante et presque fœtale du parasol qui prévaut au début de *Tender* (*T*, 17-28) n'est qu'une illusion quant à la protection qu'offre la famille américaine et en particulier celle des Diver. La comptine que chante Nicole est un mensonge satirique et grinçant :

> *– Thank y' father-r*
> *– Thank y' mother-r*
> *– Thanks for meeting up with one another* (T, 442).

La guerre de 14, souvent évoquée, présente un exemple de famille profondément déchirée : les enfants de la reine Victoria s'y sont affrontés par pays interposés. Enfin, Rome, berceau des civilisations occidentales, n'est pas glorifiée en tant que lieu d'origine et parent des civilisations occidentales ; Rosemary y tourne un film mettant en évidence la décadence et la chute de la cité depuis l'Antiquité : *The Grandeur that was Rome*. Dick fait preuve en ces lieux de sa totale décomposition morale.

Néanmoins, toute corrompue et anarchique qu'elle soit, la famille constitue la base à partir de laquelle le héros doit mener sa vie, elle lui fixe ses limites et son univers d'action. Dick Diver peut menacer de divorcer d'avec son fils (*T*, 406), mais en le nommant « Lanier », il est conscient qu'il l'a lié à lui par une « lanière » qui résiste à toutes les tensions. Même s'il devient fou furieux parce qu'il s'imagine que l'eau du bain de ses enfants était sale après la toilette de ceux de Minghetti (*T*, 400-406), il sait qu'aucune eau, si pure soit-elle, ne saurait blanchir Lanier de ses origines et des fautes de ses pères. L'enfant est sous la loi du père, quelle que soit la distance géographique, nominative ou sociale qu'il essaye d'instaurer entre eux. Presque tous les héros tentent de se forger une vie et une identité nouvelles en partant pour l'Europe, mais fils et pères ne peuvent pas divorcer.

À l'image de leurs coffres-forts pourris par l'argent mal acquis (*T*, 315), la cellule familiale des Warren est corrompue car l'inceste a tout fracassé en son sein. Les origines exhalent une odeur de pourriture, mais leur perte est encore pire que la découverte d'une sinistre vérité. Nicole ne sera guérie que le jour où elle embrassera les valeurs de son père, si immorales soient-elles. La névrose et la mort guettent qui demeure anonyme et sans racines. Le garage de Wilson n'a pas de nom (*GG*, 159), il est le décor idéal d'un fantôme qui ne survit pas à la mort de sa femme. Dans le cauchemar de Nick, la femme ivre est semblable à un cadavre et ne peut être ramenée chez elle car nul ne connaît son nom (*GG*, 199). Dans *Tender*, l'homme tué sur le quai de gare est difficilement identifiable car ses papiers ont été pulvérisés par la balle (*T*, 138). Dans la liste d'invités de Gatsby (79-81), les identités sont tout aussi floues que les décès et accidents sont nombreux.

L'échec des héros de Fitzgerald est principalement imputé à leurs pères, incapables de nourrir l'esprit de leur fils de valeurs adaptées à leur monde ; en même temps, ils se sont imposés comme cadres de référence. L'échec des héros proviendra de l'inadéquation de ces références. Dans « Le Palais de glace », Harry évoque le sujet délicat des ancêtres en prétendant que, contrairement au Sud, le Nord a oublié sa généalogie ; peut-être est-ce mieux ainsi car les fondateurs n'étaient pas forcément des modèles :

> – Tout le monde a un père, et une moitié seulement des gens ont un grand-père. Au-delà, nous ne savons rien. [...] Ce sont nos grands-pères, vois-tu, qui ont fondé cette ville, et beaucoup d'entre eux ont dû faire des travaux de toutes sortes (*IP*, 115).

Des défaillances se font jour jusque chez les pères spirituels, comme le prêtre perturbé d'« Absolution ». En fait, les protagonistes masculins de Fitzgerald se sentent trahis par leurs ancêtres car ils se trouvent investis d'une tâche impossible. Corruption, sexe, violence, matérialisme effréné rongent la société et contaminent même ceux qui voulaient croire à leur héritage moral.

Si le père est rival et modèle, s'il désigne au fils le désirable en le désirant lui-même, dans les romans de Fitzgerald les pères ne sont pas à la hauteur. De ce fait, les fils chercheront des pères de substitution mieux adaptés à leurs aspirations. Un peu à l'image du père de l'auteur, la plupart des pères biologiques font preuve de peu de caractère, demeurent dans l'ombre de leur épouse et sont incapables de constituer des modèles dignes de ce nom. *Paradise* s'ouvre sur le portrait fantomatique de Stephen Blaine (*S, O,* 11). Face à ce père falot et inefficace, Amory choisit un père spirituel de remplacement en la personne de Monsignor Darcy. On se surprendrait presque à imaginer qu'il pourrait être le véritable père : dans ses lettres, la signature « Thayer Darcy » rappelle le mot *father* (*S, O,* 150). Le père d'Anthony Patch est dépassé par l'image puissante et sérieuse de son propre père à qui le prénom d'Adam semble conférer un statut fondateur. Il n'aura même pas l'occasion d'hériter de la colossale fortune paternelle et mourra obscurément, suant et grognant (*BD,* 17). C'est le grand-père qui constituera le cadre de référence imposé à Anthony. Gatsby ira de père en père à la recherche d'un modèle et d'un rival à la hauteur de ses aspirations. En quittant son lieu d'origine et en se forgeant un nom nouveau, il tente de briser les liens qui le relient à Mr Gatz, indigne de ses ambitions (*GG,* 116). Il adopte d'abord Dan Cody comme père de substitution, mais celui-ci ne saurait lui donner que des références de pionnier ou des contre-exemples. Finalement, il se choisira un père divin et infaillible qui incarnera un modèle parfait : « Il était fils de Dieu […] et il se devait aux affaires de son Père » (*GG,* 116). Cependant, ses aspirations passeront par l'intermédiaire douteux d'un autre père : Wolfshiem, figure renommée de la pègre new-yorkaise. En partant pour l'Est, en renonçant au métier de ses pères et en prétendant descendre des ducs de Buccleuch, Nick aussi renonce à ses origines.

Le père est fréquemment renié en faveur de l'argent et du plaisir. Le héros se rebelle alors contre les excès de moralité paternelle en sombrant dans la décadence. Il opte pour le plaisir plutôt que pour le pouvoir et la droiture morale, mais il y dissipe ses forces. La nation tout entière veut s'amuser comme l'atteste la puissance des gens de cinéma :

> › Ils occupaient une situation privilégiée dans un pays qui ne demandait qu'une chose, depuis dix ans : qu'on l'amuse (*T*, 332).

De toute évidence, les personnages fitzgeraldiens appartiennent à la catégorie qui se « dissipe » (*T*, 71). Ils semblent pour la plupart avoir ce trait typique qui étonne Nicole : « Pourquoi ceux qui se dissipent sont-ils toujours des Américains ? » (*T*, O, 99). Le héros de « Retour à Babylone » sera puni de sa vie dissipée par la suppression de ses droits paternels :

> Charlie comprit soudain ce que signifiait vraiment le mot « dissipation » : se dissiper, s'évanouir dans l'air, transformer quelque chose de réel en néant complet (BR, 527).

Les héros conservent malgré tout, inconsciemment peut-être, le sens moral de leurs pères et savent qu'ils agissent à son encontre.

Si ces héros choisissent d'ignorer leurs origines et de s'en forger de nouvelles, la loi du père demeure. Ils sont marqués par le « Nom-du-père », selon la formule lacanienne. Jay Gatsby s'est donné un nom pour échapper au poids du Nom-du-père, mais ce patronyme n'est pas le reflet de l'image divine qu'il se fait de son père de substitution. En argot américain de l'époque, *a jay*, c'est un provincial, une rustre, un parvenu, une victime facile à berner ou quelqu'un habillé de façon ridicule. Ces significations rattachent Gatsby à ses origines modestes. De plus, *gat*, en argot des années vingt et trente, avait le sens de revolver, ce qui lie le héros à la pègre et non aux sphères divines. Parmi les protagonistes masculins, Monroe Stahr est l'exception qui semble ne pas entretenir de conflit douloureux avec ses origines ; cependant, il choisit l'anonymat d'un pseudonyme commun lorsqu'il voyage : Mr Smith (*LT*, 33). Trompé par ce nom d'emprunt banal, il rencontrera une Miss Smith sans intérêt à la place de Kathleen (*LT*, 86). Malgré ses hautes fonctions, son nom n'est jamais cité dans les génériques (*LT*, 38). Il est le héros le plus gâté par ses pères : son nom et son prénom le promettent à un avenir resplendissant, bien que le « h » de Stahr gâche l'effet d'un patronyme promettant ascension et succès. Dick Diver est prédestiné à une chute totale, un plongeon reflet de son nom de famille. Quant à Anthony, son véritable nom est double : Comstock Patch. Le nom suggère un individu au caractère composite, peu sûr de lui-même, fait des pièces rapportées d'un patchwork ; « stock » évoque le monde du commerce et de l'argent, ironique commentaire sur son incapacité et sa paresse. Cette connotation commerciale est renforcée par l'allusion au filon d'or de Comstock Lode. Enfin, le vieux Patch a choisi ce nom de Comstock pour ses références morales, *comstockery* signifiant la pruderie ; Anthony souhaite s'en débarrasser dès son arrivée à Harvard. Cependant, pour ces héros, le reniement de l'héritage paternel ne pourra avoir lieu qu'après la mort du père.

À travers le conflit individuel des origines familiales, ces héros rappellent le déchirement qu'ils éprouvent vis-à-vis de leurs origines nationales. Les vieilles valeurs de l'Amérique des pionniers sont caduques. Les pères avec qui ils sont en rupture sont aussi les pères de la nation, paradoxalement associés à certains des héros ; mais ce n'est que pour insister ironiquement sur le gouffre qui sépare ces piliers de leurs descendants incapables. Monroe Stahr a pour prénom le nom d'un président américain, mais contrairement à lui, il n'apaise pas les luttes, il est même en conflit violent avec les syndicats ; ce n'est pas « l'ère des bons sentiments » qui règne dans les studios, mais une certaine sauvagerie qui mène à la mort. D'autre part, le héros est comparé à Lincoln (*LT*, 171). Le titre du roman semble lier les deux hommes puisque, dans *Abraham Lincoln* de Lord Charnwood[1], le président est désigné comme « le Nabab ». L'image héroïque du président est démontée par le monde du cinéma et du jeu des acteurs (*LT*, 85). *Tender* fait allusion à Lincoln à travers Abe North à cause de son prénom, de sa fin brutale et de sa création artistique inachevée. Dick est lui associé à U. S. Grant (*T*, 97, 190). Comme le président, il débute brillamment mais assiste impuissant aux désastres résultant de ses actes. Dans « Un Diamant gros comme le Ritz », la famille Washington est une lignée d'hommes cupides et criminels, injure à son patronyme présidentiel. Dans *Tycoon*, Wylie White souhaite emmener Cecilia et Schwartz visiter l'Ermitage d'Andrew Jackson mais trouve porte close (*LT*, 25). La jeunesse américaine de l'entre-deux-guerres s'est coupée des pères de la nation, elle a renié leurs valeurs et le retour à la maison paternelle est impossible. Monroe Stahr subira l'affront et l'humiliation suprêmes, symbole du malaise des origines, au moment où, appelé au téléphone, il croit avoir l'honneur de parler au président des États-Unis, alors qu'il n'a au bout du fil qu'un orang-outang (*LT*, 137-138).

Cette rupture des héros avec leur héritage individuel et national, leur échec à être les dignes descendants des pères de la République reflètent le sort de la nation. À l'image des héros de Fitzgerald, les États-Unis se sont construits par rupture avec la patrie d'origine. Le pays s'est constitué en se forgeant un nom nouveau, renonçant par là à son statut filial de colonie britannique. À cette époque, la rupture était source de création, mais lors de l'entre-deux-guerres, elle devient plus difficile à assumer. Le rêve paraît enfoui dans « les sombres

---

1. Lord Godfrey R. B. Charnwood, *Abraham Lincoln*, Cardinal, 1954, 256.

terres de la République » (*GG*, O, 188). En cette période de traumatisme d'après-guerre, d'indécision, de mutations économiques et sociales, la nation déroutée est plus coupée des pères fondateurs, en quête d'un guide spirituel capable de ressourcer ses capacités créatrices.

Œdipe et orchidées

Dans ses *Carnets,* Fitzgerald citait Tarkington selon qui un enfant américain appartient toujours à la famille de sa mère (*Notebooks*, 268). La *Mom* américaine dévirilisante est un peu à l'image de Mollie McQuillan, mère de Fitzgerald. Dominatrice et étouffante, elle pourra susciter des réactions violentes : lors de la gestation de *Tender,* l'auteur avait envisagé le titre *Le Garçon qui tua sa mère,* le matricide structurant alors le récit. *Paradise* présente ce type de mère omnipotente. À l'inverse d'Anthony Patch désigné comme « le petit-fils du vieil Adam » (*BD*, 34), le héros de *Paradise* est« Amory, fils de Beatrice » (*S*, O, 11). Face à son époux fantomatique, Beatrice est de large envergure : « Mais Beatrice ! ça, c'était une femme ! » (*S*, O, 11). Elle assimile son fils à elle-même et déclare à ses amies : « Mon cher fils […] est tout à fait sophistiqué et parfaitement charmant, mais si délicat. Nous sommes toutes délicates ici, vous savez » (*S*, O, 13). Leurs rapports sont teintés d'une certaine coloration incestueuse. Ce prénom de Beatrice est, de prime abord, plus évocateur de la maîtresse que de la mère ; elle a exigé que son fils l'appelle par son prénom (*S*, O, 12). Quand Amory adolescent la retrouve à Genève, elle l'entraîne dans une promenade qui a tout de la capture d'un amant en l'absence du mari :

> Ce fut le long d'un des chemins ombragés que Beatrice finit par capturer Amory, une fois que Mr Blaine se fut, comme d'habitude, retiré pour la soirée dans sa bibliothèque particulière. Après lui avoir reproché de l'éviter, elle l'entraîna dans un long tête-à-tête au clair

de lune. Il ne pouvait pas accepter cette beauté qui l'avait engendré, cette nuque et ces épaules exquises, cette trentaine gracieuse et rayonnante. [...] Elle caressait ses cheveux auburn avec douceur. – Cher Amory, cher Amory. – Chère Beatrice (S, O, 26, 28).

Le motif de l'inceste, présent dans *Paradise*, l'est aussi dans *Tender*. Comme Beatrice, Mrs Speers, la mère de Rosemary, est une mère étouffante. La jeune fille la trouve « parfaite » et lui voue un attachement inébranlable : « Oh ! je n'aime personne, maman. Personne d'autre que toi » (T, 31, 67). Elle est son réconfort, sa protectrice contre les difficultés de la vie, son guide et son impresario : « Elle se trouvait donc protégée par une double armure : celle de sa mère et la sienne propre » (T, 29) ; « Ma mère. C'est elle qui décide. Je ne fais rien sans elle » (T, 47). Mrs Speers a survécu à (épuisé ?) deux maris ; l'un deux était médecin, comme Dick ; Rosemary ne manquera pas de le faire remarquer, offrant ainsi au héros une place métaphorique de père (T, 106). La jeune héroïne est « Daddy's Girl », la fille et l'amante du père ; ainsi, dans un schéma œdipien, Dick devient le premier amant qu'elle désire : « Vous êtes, avec ma mère, le seul être au monde qui compte pour moi » ; « Vous êtes l'être le plus merveilleux que j'aie rencontré – ma mère mise à part » (T, 341, 69). Ce parallèle entre Mrs Speers et Dick lie ce dernier au motif de l'inceste bien qu'il s'en défende. À la suggestion de Nicole de danser avec des jeunes filles, il réplique :

> – Je n'aime pas les pitites-mamazelles. Elles sentent le savon de Marseille et la pastille de menthe. Quand je danse avec elles, j'ai l'impression de pousser une voiture d'enfant (T, 273).

Rosemary est souvent présentée comme une enfant ; elle pourrait être la fille de Dick, qui se comporte de façon paternelle avec elle et la compare à Topsy : « Jeune, d'accord, attirante, mais Topsy l'était tout autant » (*T*, 324). Elle-même accepte cette comparaison en demandant si Topsy ne voudrait pas devenir actrice (*T*, 440). Le film dans lequel elle joue, *Daddy's Girl*, chapeaute le roman, indice de l'importance du motif de l'inceste à travers le livre. Le mariage des Diver est une conséquence de la relation incestueuse de Nicole avec son père. Dick, qui se distingue par son comportement protecteur envers son épouse, semble presque rejouer le rôle incestueux de Warren. Alors que sa « dissipation » s'accentue, il est accusé, ou s'accuse, de relations plus ou moins licites avec des enfants ou des adolescentes (*T*, 294, 298, 365). Enfin, aux dernières lignes, on apprend qu'il a une « liaison avec une jeune fille » (*T*, O, 313). Essentiellement fasciné par l'immaturité, il prend la place du père, et même du prêtre, vis-à-vis de Nicole ainsi que de tous ses amis et de ses patients.

Dans *Gatsby*, la mère du héros n'est jamais mentionnée hors l'appellation collective « parents » (*GG*, 116, 195). *Tender* ne lui fait allusion que pour montrer la minceur de son influence sur l'éducation de Dick (*T*, 318-319). Chez les Warren, la disparition de la mère déclenche tous les troubles. Dans *The Beautiful*, à peine décrite, Mrs Patch est éliminée dès les premières pages. Cette omission de la mère dissimule un aspect fondamental des origines. Si elle n'apparaît pas en tant que personnage, Fitzgerald a tissé dans ses romans une multitude d'images maternelles dont la présence atteste son importance extrême dans l'évolution, la quête et l'échec de ses héros. Fonctionnant comme révélation du plus profond des êtres, ces images filigranées ont la force d'une présence souvent inconsciente et font partie d'un réseau de symboles présents dans tous les romans.

Les images maternelles insistent sur son côté protecteur, enveloppant et sécurisant, sur l'aspect fusionnel d'une gestation qui est moment sublime de bonheur béat. Au début de *Tycoon*, Cecilia affirme : « Aux deux bouts de la vie, l'homme a besoin d'être nourri : un sein – un sanctuaire » (*LT*, 29). En mettant en parallèle « sein » et « sanctuaire », Fitzgerald sacralise la mère et sa relation à l'enfant, tout en évoquant son rôle protecteur. Plus loin, le tremblement de terre décroche le portrait de la mère de Cecilia du mur et la sensation physique provoquée chez la jeune fille lui fait associer la terre et ses entrailles avec la mère :

> [...] mais pendant une bonne minute, nos boyaux ne firent qu'un avec ceux de la terre, en une sorte de tentative cauchemardesque pour rattacher nos cordons ombilicaux et nous réintégrer de force dans la matrice de la création (*LT*, 44-45).

Dans *Tender*, le *lapsus calami* de l'auteur, qui a choisi le terme « cervical » (*T*, O, 116) au lieu de « cortical » ou encore mieux «*of the cortex*», est une évidente association avec *cervix*, la matrice. La relation de Dick et Nicole est si fusionnelle que leur couple est décrit en termes maternels :

> Elle le regarda [...]. Il y avait quelque chose d'enfantin derrière ses yeux gris (*T*, 267).

> Elle ne put en supporter d'avantage, redescendit l'escalier en courant, comme une cuisinière éperdue, qui se demande comment elle pourra nourrir cet homme malade, couché dans sa chambre, alors qu'il lui est encore tellement nécessaire, qu'elle doit encore tirer sa propre nourriture de cette poitrine asséchée (*T*, 426).

Dans ce roman, Rosemary est troublée quand sa mère la laisse poursuivre Dick de ses ardeurs :

> Savoir que le cordon ombilical venait enfin d'être coupé l'empêchait de dormir (*T*, 71).

En fait, seule Mrs Speers, la femme dont le patronyme évoque une lance, pouvait décider de trancher ce cordon et de « sevrer » son enfant (*T*, 30). Nicole triomphe de sa névrose quand elle peut enfin couper le cordon qui la reliait à ses origines, mais c'est de ses pères surtout qu'elle doit se dissocier, Dick y compris : « Elle […] coupa elle-même, à jamais, le cordon ombilical » (*T*, 458).

Dans la scène centrale entre Gatsby et Daisy à Louisville, les images maternelles foisonnent, ainsi que dans les lignes finales du roman. Alors que Nick reconstitue la rencontre de Gatsby et Daisy dans son imagination, le décor prend une teinte laiteuse (*GG*, 129), sous l'égide d'une lune féconde et maternelle. Évoquant un lieu secret où Gatsby pourrait se réfugier pour rester fidèle à ses ambitions divines, Nick affirme :

> Il pouvait y monter, s'il y montait seul, et l'ayant atteint, téter la vie à sa source même, se gorger du lait transcendant des prodiges (*GG*, O, 118).

Dans ce passage, les mots « lait » et « téter » sont renforcés par le mot anglais *pap* (« *suck on the pap of life* ») : la bouillie, nourriture première de l'enfant, mais qui a aussi le sens plus archaïque de « mamelon ». La fin du roman peut être interprétée comme métaphore de la naissance (*GG*, 203). Tous les éléments sont présents : la lune, le sein maternel, la respiration retenue, la surprise, l'absence de choix ou de désir. Les adjectifs « nouveau » et « intact » évoquent la naissance et le verbe « fondre » sa fluidité. Enfin, l'adjectif « orgastique », utilisé dans le dernier paragraphe (*GG*, 203) et qui a soulevé diverses polémiques, mais que Fitzgerald affirme avoir choisi pour son lien avec le substantif « orgasme », pourrait renvoyer à la jouissance et à la conception.

La lune, liée au rythme féminin de la vie, de la conception et de la naissance, est omniprésente dans l'œuvre. Comme elle rythme le corps de la femme, les marées et la vie, elle rythme romans et nouvelles. Dans *Gatsby* les personnages principaux habitent soit à West

Egg, soit à East Egg. Cette référence à l'œuf souligne l'omniprésence maternelle. Cependant, ces deux œufs sont légèrement cassés au sommet (*GG*, 23) et donc prêts à éclore. Dans *Tender*, l'image des « mères des soldats morts au champ d'honneur » (*T*, 163) relaie les mères des temps pionniers (*T*, 189). Le désir de protection transparaît aussi dans le geste d'Amory : « Il tendit les bras vers le ciel cristallin et lumineux » (*S, O*, 255). Ce geste deviendra un motif caractéristique de *Gatsby* : « D'un geste surprenant, il a tendu les deux bras vers l'eau noire », « Il avait tendu la main désespérément, pour tenter de saisir une dernière poignée de vent » (*GG*, 39, 173). Tel un jeune enfant, il tend les bras vers la baie pour saisir l'objet de sa quête, mais aussi pour chercher l'appui et la sécurité des bras maternels. Ainsi, ce vers quoi Gatsby tendrait pourrait être, au-delà de Daisy, la mère protectrice, la mère que tout être ne cesse de vouloir retrouver fusionnellement. Une lumière verte est située à l'extrémité de la jetée, « *at the end of [Daisy's] dock* » (*GG, O*, 28, 100) ; la fusion et la jouissance semblent être l'aspiration ultime de Gatsby (*to dock* signifie « s'accoupler »). Les eaux sombres de la baie évoquent un plongeon au cœur de l'inconscient, et les eaux maternelles auxquelles aspire le héros sans le savoir. Dans les derniers paragraphes, Nick reprendra cette image – « Son rêve avait dû lui sembler si réel qu'il ne pouvait plus manquer de le saisir » (*GG, O*, 188) – puis l'étendra à l'humanité tout entière : « Demain, nous courrons plus vite, nous tendrons les bras plus avant » (*GG*, 203). Le roman se termine sur le constat que cette quête de la mère est sans fin, élan inconscient, indomptable, sans espoir.

L'imagerie naturelle est aussi source de références maternelles. La nature de Fitzgerald est féconde et fertile, elle a la maturité et la plénitude de la *magna mater*, la terre mère. Les personnages féminins sont associés à des fleurs, souvent à l'orchidée : état édénique évocateur du retour utérin, mais aussi allusion sexuelle évidente. Daisy, Myrtle, Jasmine, Violet et Rosemary ont des prénoms floraux. Nick note que certaines belles invitées de Gatsby ont de mélodieux noms de fleurs (*GG*, 69). Rosemary ne demande qu'à s'épanouir : « Ce corps, qui avait l'exacte mesure d'une fleur sur le point de s'ouvrir », « Elle allait avoir dix-huit ans, et atteindre sa plénitude, mais on voyait encore sur elle des traces de rosée » (*T*, 169, 16). Quand Daisy parle, elle « s'ouvre » et palpite sensuellement comme une fleur avec quelque chose de sexuel (*GG*, O, 26). Elle éclôt dans les bras de Gatsby :

> À l'instant précis où ses lèvres touchaient les siennes, il avait senti qu'elle s'épanouissait comme une fleur à son contact, et l'incarnation s'était achevée (*GG*, 129).

Le mot « incarnation » rappelle l'œillet, (*carnation* en anglais) mentionné à propos de Rosemary : « Elle était comme un œillet blanc » (*T*, 108). Fitzgerald indique ici que la véritable incarnation de la quête est liée à l'image de la mère. Cette incarnation est également le but recherché par l'auteur, puisqu'elle résulte d'une conception née du verbe ; elle est l'émotion du corps provoquée par le verbe. Ces femmes-fleurs entretiennent l'idée qu'elles sont à portée de main, que la quête va toucher à sa fin, mais l'illusion d'optique du héros lui sera fatale, car ces fleurs sont vénéneuses ; certaines sont même le fruit de névroses (*neuroses*), comme Nicole ; ce sont les nouvelles roses (*new roses*)[2], des plantes carnivores dévorant qui les approche. En transgressant l'interdiction alpine de *Tender*, « *Défense de cueillir les fleurs* » (*T*, O, 147), le héros s'expose à de grands risques car il va à l'encontre des lois de sa communauté : l'inceste est le tabou originel.

---

2. *Cf.* Roland Tissot, « Pour une nouvelle carte du *Tendre* de Francis Scott Fitzgerald », *De la Littérature à la lettre*, 156.

Les verbes « s'épanouir », « fleurir » et « éclore » sont très souvent employés, même sans référence directe à la nature. Les personnages évoluent dans des jardins, des parcs et des forêts. Le trait dominant de cette nature luxuriante est sa verdeur. Le lien entre images maternelles physiques et naturelles apparaît dans cette description de la mer « plus verte que le lait verdi » (*T*, 34) qui allie le lait et la couleur maternelle. Cette mer laiteuse et verte est celle de l'insouciance enfantine : « La mer [...] prenait des couleurs aussi mystérieuses que celles de l'agate et de la cornaline, dans les rêves d'enfance [...]» (*T*, 34). Le vert, principalement dans *Gatsby*, n'est pas uniquement la couleur de la nature[3] ; il marque de son symbolisme maternel de nombreux autres éléments. Le billet de train que Nick achetait pour rentrer chez lui lors des vacances à l'époque où il était étudiant était vert (*GG*, 198) ; la carte par laquelle il signalera qu'il souhaite embrasser Daisy est verte également (*GG*, O, 111) ; enfin et surtout, c'est vers la lumière verte de l'embarcadère de Daisy que Gatsby tend les bras et qu'il porte toutes ses ambitions et son désir. Les pionniers hollandais, eux, s'émerveillaient devant le Nouveau Monde, devant « le sein intact, verdoyant, d'un monde neuf » (*GG*, O, 187). Pour eux, cette couleur avait la même signification que pour les immigrants actuels qui souhaitent obtenir la « carte verte », le permis de travail américain, symbole de liberté, d'opportunités et de renouveau. Pour Gatsby qui tend les bras vers la lumière de la jetée de Daisy, le vert devient la couleur de la liberté de toutes les jouissances, de l'absence de toute interdiction ; il incarne le Graal (*GG*, 169), le but de la quête, il est l'autorisation suprême d'aspirer à la fusion ultime et taboue en toute impunité.

---

3. André Le Vot a consacré un passage de sa thèse à l'étude du vert chez Fitzgerald, *L'Univers imaginaire de Francis Scott Fitzgerald*, thèse de lettres, Paris IV, 1972, 146-152.

Si la nature de Fitzgerald est si verdoyante et fertile, c'est que deux éléments fondamentaux sont constamment présents : la chaleur et l'eau. L'eau apparaît sous toutes ses formes : mers, fleuves, rivières, lacs, pluie, inondations, piscines, bains et salles de bains. Les personnages prennent un plaisir sensuel à se laver, nager, plonger et s'amuser dans l'eau. Dans *Tender*, il y a les bons et les mauvais nageurs. Les salles de bains sont le théâtre d'événements importants souvent étrangement liés au sang. Deux crises de Nicole au cours desquelles le sang semble avoir un rôle – quoiqu'assez obscur la première fois – ont lieu dans des salles de bains (*T*, 65-66, 180-181). Daisy est dans sa baignoire au moment du choix entre Gatsby et Tom (*GG*, 95) et, cinq ans plus tard, elle aimerait louer cinq salles de bains lors de sa deuxième prise de décision (*GG*, 144). Quand Tom et Myrtle se disputent à New York, la scène se termine dans la salle de bains, des serviettes de toilette ensanglantées jonchant le sol (*GG*, 54). Au cœur de son appartement, Anthony Patch se relaxe béatement dans la salle de bains, véritable image de la matrice protectrice et du fluide amniotique (*BD*, 22, 29). John, le héros du « Diamant gros comme le Ritz », est subjugué par les délices du bain luxueux offert par ses hôtes (R, 48-49). Ces mondes chauds, liquides et évocateurs du retour à la mère sont des mondes de plaisir, de détente et de sécurité pour les hommes, alors que pour les femmes ce sont plutôt des décors de crise auxquels elles souhaitent échapper. Ainsi, chez Fitzgerald, les femmes semblent assez bien réussir à couper le cordon, mais les héros en revanche garderont une éternelle nostalgie de la protection maternelle.

La maison est un indice supplémentaire de ce désir. Tous les personnages ont une maison ; souvent luxueuse, ce n'est jamais un foyer. Ils errent lamentablement d'un continent à l'autre, avec la nostalgie de ce chez-soi, ce lieu originel perdu lors de la naissance, la

séparation d'avec la mère dont la maison natale constitue souvent un substitut. L'instabilité de la famille Fitzgerald lors des jeunes années de Scott se répéta au cours
de sa vie d'adulte : il n'achètera jamais de maison et ne
s'installera jamais de façon définitive. Son sentiment de
déracinement et son aspiration à une certaine perma-
nence se retrouvent chez ses héros. Comme son prédé-
cesseur, Gatsby ne parvient pas à donner à son immense
maison une allure féodale authentique et finance donc
une maison pour son père (*GG*, 195). Monroe Stahr ne
réussit pas à achever sa construction sur la côte et prétend que ses studios lui tiennent lieu de maison (*LT*,
136). Fifi Schwartz, « l'enfant d'hôtel », incarne cette
existence errante :

> Ils vivaient à l'hôtel depuis trois ans : Paris, Florence,
> Saint-Raphaël, Côme, Vichy, La Baule, Lucerne, Baden-
> Baden et Biarritz (HC, 482).

Régulièrement, les héros évoquent la possibilité
d'un retour à la maison. Quand tout va mal pour les
Diver, ils rejoignent leur pseudo-foyer sur la Côte
d'Azur (*T*, 394). Fitzgerald avait imaginé intituler le cin-
quième livre de *Tender* « Le Retour à la maison ». Dans
Gatsby, Nick renie l'Est pour son Mid West natal où les
maisons portent des noms de famille depuis des générations (*GG*, 183). Errance, constant désir de rentrer chez
soi, les héros de Fitzgerald ne supportent pas l'arrache-
ment à la terre natale, à la cellule familiale protectrice.
Par contre, Tommy Barban est assez solide pour décla-
rer : « Chez moi ? Je n'ai pas de chez-moi. Je vais faire la
guerre » (*T*, 56). Les femmes ne réclament la maison que
dans de rares moments de panique ou d'immaturité.
Nicole, qui a appris à ses dépens ce que signifie le foyer
familial, s'exclame :

> – La maison ! [...] Et rester assise, et savoir qu'on est
> tous en train de pourrir, que dans toutes les boîtes que

j'ouvrirai je trouverai les cendres de mes enfants en train de pourrir. C'est obscène ! (*T*, 299).

L'attitude de Fitzgerald et de ses héros vis-à-vis du temps cadre parfaitement avec leur désir de régression. Tous pleurent leur jeunesse passée, souhaiteraient retenir le temps à la manière du poète romantique Keats, si admiré de l'auteur. Gatsby renverse involontairement une horloge lors de ses retrouvailles avec Daisy (*GG*, 104), puis il affirme à Nick qu'il est maître du temps : « On ne ressuscite pas le passé ? répéta-t-il, comme s'il refusait d'y croire. Mais bien sûr qu'on le ressuscite ! » (*GG*, 128). Monroe Stahr, dont le travail consiste à immobiliser le temps sur des bobines de film, croit encore être « l'enfant prodige » d'autrefois et dit avoir oublié son âge (*LT*, 127). La jeune Cecilia a déjà la nostalgie du passé et souhaiterait revenir en arrière (*LT*, 201). Fidèle aux illusions de sa nation, Dick commence par croire à la santé et à la jeunesse éternelles (*T*, 189) ; il prendra conscience plus tard qu'il s'est trompé :

> Le cœur de Dick se serra soudain, tant il regrettait la mort d'Abe North, et celle de sa propre jeunesse, dix ans plus tôt (*T*, 313).

Ainsi, les héros de Fitzgerald errent lamentablement, aux prises avec un désir régressif de fusion sécurisante, un refus du monde social et symbolique, une envie de se réfugier dans l'imaginaire.

« Quel enfantillage ! »

Les compagnes choisies par ces héros ne peuvent constituer un substitut de mère. Fondamentalement égoïstes, comme Daisy, bouleversées par de violentes crises de l'inconscient, comme Nicole, ou sous la coupe d'une mère terrible, comme Rosemary, ces garçonnes n'ont rien de maternel. Elles sont aux antipodes des déesses antiques de la fécondité et sont plutôt assimilées à Diane, la déesse vierge associée à la lune. Nicole est comparée à Pallas Athéna (*T*, 254), fille de Zeus, guerrière et vierge, née de son esprit et de lui seul. Ces nouvelles femmes sont plutôt à l'image stérile et poussiéreuse de la Vallée des Cendres de *Gatsby*. Daisy et Nicole ont des enfants mais ne s'en soucient guère. Daisy souhaite à sa fille un destin de « ravissante idiote » ; quant à Nicole, la naissance de Topsy a provoqué une rechute de sa maladie (*T*, 255). Sa névrose l'a toujours empêchée d'être une mère attentive, « mettant au monde des enfants qu'elle ne pouvait que faire semblant d'aimer tendrement, comme des orphelins qu'elle aurait pris en charge » (*T*, 284). C'est le personnage enfantin de Rosemary qui rappelle parfois aux Diver leurs obligations parentales (*T*, 142). À la fête foraine, les enfants sont abandonnés pendant que Nicole tourne sur la grande roue comme une folle (*T*, 297-298). Elle les renie mentalement : « Elle refusait les enfants. Ils faisaient partie d'un monde trop bien équilibré, qu'elle cherchait à anéantir » (*T*, 301). Quand Rosemary s'offre à Dick, elle tente de le rassurer en évoquant la possibilité d'un avortement au Mexique en cas de problème (*T*, 109). La grossesse de Gloria est bizarrement évacuée sans que l'on sache s'il s'agissait d'une erreur ou si elle a avorté (*BD*, 239-241). Sa grande préoccupation est la propreté, elle aime les gens « propres » (*BD*, 157). Les fonctions humaines naturelles, entre autres celle de la reproduction, la dégoûtent. À propos des autres femmes, elle déclare à Anthony : « Elles ne me font jamais l'effet d'être nettes – jamais – jamais » (*BD*, 219). Cette idée finit par devenir une véritable obsession :

> Toujours très susceptible à l'égard de son sexe, ses jugements étaient à présent fonction du fait qu'une femme lui semblait « propre » ou non (*BD*, 274-275).

Ironiquement, à la fin du roman, deux passagers du navire remarqueront : « Elle me fait l'effet de... en quelque sorte, d'être teinte et *pas nette* » (*BD*, 506). Nicole est obsédée par la propreté ; le naturel de Kaethe la rebute, en particulier son odeur (*T*, 371).

Jordan Baker, androgyne et sportive, ressemble à un « jeune officier » (*GG*, 29). Baby Warren est une « Amazone » (*T*, 280), elle croise les jambes « comme les femmes un peu trop fortes que tourmente leur virginité » (*T*, 240). Chez ces femmes-fleurs si peu maternelles, si graciles et si froides, la sensualité est peu développée. Le sang des menstrues, mais aussi celui des assassinés, des viols et de l'inceste, est source de terreur pour ces héroïnes toujours associées à la couleur blanche, détachées de leur rôle de femme génitrice, source de vie à travers le sang. Après le passage de la voiture, Myrtle gît sur l'asphalte, son sang noir s'est mélangé à la poussière et elle a « le sein gauche sectionné » (*GG*, 157). Cette mutilation d'amazone dit que les années vingt ne sont ni celles de la fécondité, ni celles de la maternité.

Dans l'univers de Fitzgerald, les enfants sont donc fort peu nombreux. La famille américaine est fragilisée, voire disloquée. Warren n'a pas de descendant mâle car son fils n'a pas survécu (*T*, 203) ; c'est donc Baby qui gère les affaires familiales comme un fils aîné. Charlie, dans « Retour à Babylone », a purement et simplement perdu la garde de sa fille à cause de son comportement insensé. La première conséquence de l'incapacité des héros à assumer leurs origines et à se libérer de l'héritage paternel est qu'ils ne réussissent pas à être pères eux-mêmes, restant dans une position filiale. Dans *The Beautiful*, Gloria croit être enceinte, mais Anthony n'a pas de point de vue sur la question (*BD*, 240). Dans les premiers manuscrits, il lui conseillait d'avorter. Monroe Stahr a été marié mais n'a pas eu d'enfant et Gatsby ne peut pas concevoir que Daisy ait eu une fille avec Tom (*GG*, 135). Quand Myrtle dit de son mari avec mépris : « J'ai cru qu'il avait quelques notions de savoir-vivre » (*GG*, 52), «*I thought he knew something about breeding*» (*GG*, O, 41), non seulement son éducation est remise en cause, mais aussi sa capacité à procréer (*breeding* évoque la descendance qu'ils n'ont pas eue). Dick est le seul à avoir deux enfants, mais ils restent à l'arrière-plan et finissent par disparaître de sa vie après sa rupture avec Nicole (*T*, 477). Abe North n'a pas eu d'enfants, mais le deuxième mari de Mary en a d'un précédent mariage : « deux enfants nettement bronzés, et [...] l'un deux souffrait d'une maladie, d'origine asiatique, qu'on n'a pas réussi à diagnostiquer » (*T*, 399). L'insistance sur la couleur de la peau renforcée par l'adverbe « nettement » et l'évocation de la maladie rappellent les préjugés de Tom Buchanan envers la mixité raciale et présentent cette famille recomposée sous un jour défavorable.

Alors que les nouvelles femmes sont peu maternelles et que les vrais enfants sont rares et sans consistance, l'adulte-enfant domine l'œuvre de l'auteur. Les protagonistes préfèrent l'irresponsabilité et l'insouciance de l'enfance. Ils jouent : Tom Buchanan avec ses chevaux, Jordan au golf, Gatsby avec sa belle voiture, Dick avec son râteau sur la plage, Abe North avec sa scie musicale et Anthony avec sa collection de timbres. Seuls les véritables enfants ne jouent jamais. Le salon rouge et blanc des Buchanan ressemble à un chapiteau de cirque gonflé par le vent (*GG*, 26). Les fêtes de Gatsby rappellent à Tom une « ménagerie » (*GG*, 126) et sa voiture une « roulotte de cirque » (*GG*, 139). Son jardin est un véritable arbre de Noël (*GG*, 58) et le comportement des invités, surtout en fin de soirée à cause de l'alcool, est infantile. Dans *Tender*, la vie près de la Méditerranée est un « carnaval au bord de la mer » où les invités des Diver sont comme « des enfants pauvres devant un arbre de

Noël » (*T*, 62-63). Monroe Stahr est « l'enfant prodige » (*LT*, 127) qui travaille dans les studios d'Hollywood, semblables à un jeu de construction géant avec ses décors fantastiques.

Les héroïnes de Fitzgerald ont pu être qualifiées de femmes-enfants pour leur puérilité, leur innocence souvent dangereuse, leur immaturité et leurs comportements insensés, mais aussi pour leur dépendance vis-à-vis de leurs parents. Dans *Gatsby*, Fitzgerald emploie toujours le terme de « jeune fille » pour accompagner « homme » et jamais celui de « femme », faisant ainsi allusion à l'immaturité de ces femmes. Nicole croit avoir triomphé de ses attaches familiales et atteint la maturité : elle renaît dans les bras de Tommy comme un « bébé » (*T*, 449). Sa sœur, bien que capable de diriger les affaires de famille, a le surnom évocateur de « Baby » qui indique qu'elle n'a jamais franchi les limites de son monde égocentrique d'enfant. Dans *Tycoon*, Cecilia ne cesse de mentionner son père comme une petite fille sous l'appellation « Père » ou « mon père », de façon presque obsédante. Gloria est décrite comme

> une gosse du ragtime, une garçonne, un bébé du jazz, et un bébé vamp (*BD*, O, 29).

Un soir de désespoir, la pluie lui rappelle son enfance et elle aimerait se réfugier dans le giron maternel : « Elle avait besoin de sa mère, tout de suite, et sa mère était morte » (*BD*, 283). Au moment où elle prend conscience que ses espoirs de bonheur sont derrière elle, elle rêve d'une protection enfantine :

> Tout ce qu'elle désirait, c'était de redevenir une petite fille, confiée aux soins compétents d'une puissance indulgente et pourtant supérieure (*BD*, 448).

Seules les femmes parviennent à l'âge adulte dans les romans de Fitzgerald ; les hommes auraient plutôt tendance à régresser, bien que leur entourage n'en soit pas toujours conscient :

> Un homme est souvent capable de jouer les enfants perdus auprès d'une femme. Mais comment y parviendrait-il, lorsqu'il est vraiment un enfant perdu ? (*T*, 134).

Dick se réfugie dans le monde de ses enfants, s'occupant subitement d'eux avec zèle pour compenser l'effondrement de ses ambitions. S'immergeant dans ses souvenirs, il retombe dans le monde de l'enfance où il peut esquiver ses responsabilités d'adulte. Nick fuit celles que peut lui imposer l'Est et retourne dans son Mid West natal. Gatsby évolue au-delà de tout matérialisme et de tout réalisme ; il a une naïveté, une puissance créatrice, un sens de la démesure et une foi en l'avenir caractéristiques de l'innocence et de la fraîcheur enfantines. Anthony finira dans un état infantile de dépendance que laissait supposer son comportement d'enfant effrayé recherchant les bras pseudo-maternels de Gloria (*BD*, 187-190). Ainsi, l'enfance, ou plus souvent l'adolescence, est privilégiée et devient sinon le but, du moins le pis-aller de protagonistes incapables d'affronter les complexités et le réalisme matérialiste de leur société.

Outre ses personnages immatures, Fitzgerald souligne l'infantilisme général. Le monde des fées et des contes est évoqué par touches significatives. Gatsby tout d'or et d'argent vêtu est un prince charmant parti à la conquête de sa belle : « Lointaine, en son palais de marbre, fille du Roi, princesse d'or... » (*GG*, 102, 139). La vie qu'il prétend avoir eue en Europe est un conte de fée (*GG*, 84-85). Le soir du bal, Monroe Stahr, « le dernier des princes » (*LT*, 51), convoite Kathleen qui essaie de fuir précipitamment telle une « Cendrillon » (*LT*, 124). Dans le taxi qui les emmène à l'Ermitage, Schwartz raconte sa vie aux autres passagers comme si c'était un conte cruel : « Il était une fois quand je roulais

sur l'or une fille que j'avais, ma fille, elle était belle »
(*LT*, 22). Face à la puissance de rêve de Gatsby, Nick
comprend que pour lui le monde est fondé sur l'imaginaire : « Ces fantasmes [...] lui laissant croire que ce
caillou qu'est notre terre reposait en sécurité sur l'aile
d'une fée » (*GG*, 117). Dans ce monde puéril, les enfants
de Dick sont l'attraction de la soirée quand ils chantent
Au clair de la lune pour les invités (*T*, 54-55). Évidem-
ment, cet univers féerique est à la mesure des ambitions,
mais aussi de l'imaginaire des héros qui refusent le réel
et aspirent à une rassurante régression.

Néanmoins, les contes ont presque toujours ce côté
très violent, voire pervers, que ces adultes-enfants semblent avoir oublié. Quand les vrais enfants prennent les
choses en main, ils ne font preuve ni de naïveté, ni
d'innocence. Dans « Cette sorte de fête », nouvelle qui
ne trouva pas preneur à l'époque à cause de son sujet
délicat, le père du jeune héros comprend avec stupéfac-
tion que les fêtes qui plaisent à son fils ne sont pas inno-
centes. Basil et Josephine, les jeunes héros de la série de
nouvelles, ont des préoccupations sociales, sentimen-
tales et sexuelles qui les rattachent au monde des
adultes. Dans ses projets pour *Tycoon*, Fitzgerald avait
imaginé que trois enfants découvriraient la carcasse de
l'avion écrasé de Monroe Stahr dans la montagne (*LT*,
237-240). *Tycoon* devait se terminer sur des enfants
continuant la tâche des adultes, mais gardant les qualités et les défauts de ces derniers. Dans *Gatsby*, les
enfants prennent la maison de Gatsby d'assaut à sa mort
(*GG*, 189, 203) et les mots obscènes qu'ils inscrivent sur
le perron indiquent qu'ils seront de dignes successeurs
de la société violente qui a tué le héros.

Cette valorisation de l'enfance et de l'âge ingrat de
l'adolescence est de mauvais augure, un refus du statut
d'adulte, de la responsabilité et de l'engagement. Si l'argent est le premier agent de corruption du rêve, le désir

de retour à l'enfance est le second. Wilson, incapable de s'exprimer après la mort de Myrtle, est l'adulte-enfant poussé à l'extrême. Marionnette sans volonté ni capacité d'expression, il est néanmoins capable de tuer, incarnant en cela tout le danger du retour au stade infantile. Cette régression et cette exaltation de l'immaturité dans tous les romans attestent d'un certain infantilisme de la société américaine caractéristique des années vingt :

> *Bouleversant les habitudes séculaires, les préceptes bibliques et les rengaines habituelles, les Années Vingt furent une époque où, à bien des égards, la jeunesse donna le ton et l'âge mûr enchaîna. Dans les bals et les salons de beauté, sur les terrains de golf, dans la façon de s'habiller, de se conduire et dans bien d'autres domaines, les plus âgés faisaient des efforts inouïs pour adopter l'allure et les comportements de leurs enfants, et même souvent de leurs petits-enfants[4].*

La faiblesse de l'homme américain et l'avènement des nouvelles femmes ont fait du pays une vaste nursery, comme le prouve l'affrontement entre Baby et le consul des États-Unis à Rome (*T*, 361-362). Si Tommy s'exclame « Quel enfantillage ! » (*T*, 416) à propos de la soirée sur le yacht, cela s'appliquerait aussi bien à la nation entière :

> Un pays où les plus sages ne sont guère plus sages que les plus abrutis ; un pays où les gouvernants ont la mentalité de petits enfants, et où ceux qui édictent les lois croient au père Noël (*BD*, 41).

Si l'on accepte l'idée de la fonction paternelle comme principe organisateur, le grand désordre social et psychologique qui règne dans les romans de Fitzgerald pourra s'expliquer en partie. Les pères ne jouent plus le rôle qui est le leur ; les mères dominent la scène et c'est vers leur sécurité apaisante que les héros fitzgeraldiens

---

4. Mark Sullivan, *Our Times: The United States 1900-1925*, New York, 1945, 385-386.

tendent les bras, incapables d'assumer la rupture originelle. Ils sont en proie à la mélancolie de la plénitude perdue, perturbés par le mystère des origines. Seul un voyage au pays du refoulé, vers l'événement originel, pourrait apaiser leur malaise. Si douloureuse et ardue que soit cette entreprise, c'est le travail mené par l'auteur. Fitzgerald s'interroge constamment sur le système symbolique, réfléchit sans relâche sur ce qui est interdit et psychiquement fondateur car, pour lui, « UN AUTEUR DIT TOUT » (*Notebooks*, 113).

CHAPITRE 3

Sous les paillettes de l'Âge du Jazz

C'était une époque miraculeuse, c'était une époque artistique, c'était une époque excessive, c'était une époque satirique.

F. S. Fitzgerald, « Echoes of the Jazz Age », 10.

Fitzgerald met en scène une Amérique festive qui se défoule après les tensions de la Grande Guerre ; mais derrière les lampions, les accents joyeux de « musique jaune cocktail » (*GG*, O, 46) et le frémissement érotique des robes de soirée diaphanes et pailletées, se devinent les échos grinçants de « la chaleur, la sueur et la vie » (A, 271). Imprégné de la lecture apocalyptique du *Déclin de l'Occident* de Spengler, Fitzgerald présente une société en crise. Derrière le vernis policé de son univers littéraire, se dissimule une violence impitoyable. Il met en scène un théâtre de la cruauté et esquisse un monde dangereusement quadrillé de limites sans cesse frôlées et transgressées. Plus que l'écrivain de la fête, il est celui du désordre incontrôlable et des ténèbres troubles et effrayantes.

Sauvagerie urbaine

Fitzgerald, qui regrettait amèrement d'avoir manqué sa guerre et se repaissait de livres sur le sujet – particulièrement s'ils montraient des soldats mutilés –, envoie presque tous ses héros au combat. Il évoque également brièvement la guerre de Sécession et la violence de la Frontière. La brutalité de l'Amérique en germe fut relayée par celle de la Première Guerre mondiale et même si certains, comme Dick Diver, ne semblent pas avoir été profondément perturbés – « La guerre ne l'avait pas du tout affecté » (*T*, O, 113) –, le conflit laisse ses cicatrices, entre autres sous la forme des grands cimetières militaires qui défigurent le Nord de la France (*T*, 99). Tommy Barban est un véritable mercenaire pour qui la fin des hostilités ne signifie pas le terme de ses activités guerrières :

> – Vous rentrez chez vous ?
> – Chez moi ? Je n'ai pas de chez-moi. Je vais faire la guerre.
> – Quelle guerre ?
> – Quelle guerre ? N'importe laquelle. Je n'ai pas ouvert un journal depuis longtemps, mais il y a sûrement une petite guerre quelque part. Il y en a toujours (*T*, 56).

La guerre terminée, la violence est entretenue par le milieu ; le personnage de Wolfshiem, au patronyme carnassier, rappelle les dangers de la Frontière. Patron de la sinistre Swastika Holding Company, qui annonce l'ère fasciste, c'est un loup qui chasse à la tête de sa meute féroce, « *a denizen of Broadway* » (*GG*, O, 79), un « hôte » de la jungle urbaine. Enfin, en l'absence de conflit fratricide ou international, le sport catalyse les instincts violents. Tom Buchanan, en attendant une lutte ouverte avec les races qui menacent de lui voler sa place de Blanc privilégié, entraîne son « corps de brute » sur les terrains de football et de polo :

> Tom me donnait le sentiment d'un être à la dérive, s'entêtant à chercher, avec un rien de nostalgie, les violences spectaculaires de certaines parties de football, impossibles à réinventer (*GG*, 24).

Soutenant son époux, la frêle Daisy déclare avec virulence à propos des « autres races » : « Nous les réduirons en bouillie » (*GG*, 31).

L'agressivité ne se cantonne pas aux champs de bataille et aux terrains de sport ; les mœurs sont empreintes d'une cruauté qui contredit la réputation d'un Fitzgerald frivole et admiratif des classes favorisées qu'il décrit. Le riche Braddock Washington annonce aux futures victimes qui ont eu le malheur de découvrir son domaine secret : « La cruauté n'existe pas quand notre propre sécurité est en jeu » (R, 59). Disputes, adultères, accidents, duels, noyades, meurtres, suicides, inceste, matricide, fratricide, dépression et folie colorent l'univers fitzgeraldien de leurs teintes funestes. Les corps portent les marques de cette violence : traces de sang, membres mutilés, os brisés, chairs meurtries, cheveux blanchis prématurément, cicatrices, blessures, difformités presque animales et cadavres émaillent ces histoires faussement romantiques. La liste des invités de Gatsby est un concentré de violence, une compilation d'accidents mortels, de meurtres et de mutilations (GG, 79-81).

La fête devient le lieu d'une escalade cataclysmique où s'exacerbent « les échos de violence », ténus jusqu'alors (T, O, 85). Chez Fitzgerald, elle est toujours le déchaînement bachique où éclate l'agressivité la plus extrême. Les soirées de Gatsby, de Dick ou d'Anthony concentrent les éléments de la bacchanale : alcool, consommation excessive de vivres, promiscuité sexuelle, perte de conscience, agressivité et nouveau code de conduite. Les organisateurs de fêtes semblent vouloir orchestrer des soirées qui leur échappent et se retournent contre eux. Chez Gatsby, la foule a pris la scène en main et ne mène plus la danse selon les règles du maître de maison, mais selon celles d'un parc d'attractions (GG, 59). La première fête s'achève dans une débauche de larmes (69-70), de disputes maritales (70), de souvenirs de robes déchirées (61), d'accidents automobiles (71-73). La soirée de Dick se termine par la crise de Nicole dans la salle de bains (T, 65-66), puis le duel entre Barban et McKisco (84-87).

Dans son intention d'organiser une soirée « parfaitement horrible », Dick trahit son désir de sonder l'humain là où ses comportements lui échappent :

> – Je veux que [cette soirée] soit pleine de ruptures et de séductions, que les gens rentrent chez eux profondément blessés, que les femmes s'évanouissent dans le cabinet de toilette (*T*, 52).

Ces détails sordides attestent de son besoin de comprendre ce qui d'ordinaire est dissimulé par les convenances. Les connotations animales trahissent une bestialité latente qui n'a plus rien à voir avec l'image joyeuse et fastueuse généralement attribuée à l'auteur, mais dit la sauvagerie indomptable de l'être divisé. Wolfshiem dévore son déjeuner avec le « féroce empressement » d'un homme-loup et flaire à la manière d'un rat les fumets du restaurant de ses « prodigieuses narines […] où fleuri[t] une aimable broussaille de poils » (*GG*, 87-91). Si l'on devine dans ce portrait quelques accents d'antisémitisme, on trouve des traces de bestialité semblables chez de nombreux autres personnages. Les invités de Gatsby manifestent une animalité aussi féroce que celle du personnage qui porte le nom de la bête. Les attaques de « flanc » d'une invitée jalouse connotent le monde animal (*GG*, 70) ; les maris qui emmènent leur épouse de force forment un tableau évoquant la chasse et l'enlèvement d'une proie : « Elles se trouvèrent engagées dans un bref corps-à-corps, soulevées de terre et emportées, toutes gigotantes, dans la nuit » (*GG*, 70). Nombre d'invités de Gatsby ont des difformités, des comportements ou des patronymes animaux (*GG*, 79-81). Tom Buchanan a tout du matou en alerte, toujours prêt à jeter sa masse musculaire sur un ennemi potentiel :

> Deux yeux perçants et arrogants lui mangeaient le visage et lui donnaient l'air agressif d'être constamment penché en avant. […] C'était un corps capable de la plus extrême violence – un corps de brute (*GG*, 25).

Il marchait devant moi, d'un pas vif, agressif, les mains légèrement écartées, prêtes à bousculer ce qui encombrerait sa route, la tête pivotant constamment, le regard aux aguets (*GG*, 201).

Barban, « chien de garde des Diver » (*T*, 76), ravira Nicole à la manière d'une bête sauvage : « Elle était couchée en travers de sa selle, dans un rapt symbolique [*wolfed her away*]» (*T*, 452-453). Même l'inoffensif Dick endosse la peau de la bête ; quand il laisse aller son imagination, il est « comme un loup déguisé en agneau, dans son manteau de laine d'Australie à longs poils » (*T*, 307). Son glissement vers l'inhumain s'aggravera au fil de sa dégradation physique et intellectuelle. La lune omniprésente semble présider à la métamorphose de l'homme en loup, cet être hybride de la fin de *Vandover and the Brute* de Frank Norris qui a inspiré *The Beautiful*. Chez Fitzgerald, tout paraît basculer vers le bestial, le sensuel dénué de sentiments. La limite est franchie vers un état de nature non pas édénique, mais corrompu, violent et égoïste. De nombreux personnages paraissent ruminer l'inquiétante réplique de Iago : « Je ne suis pas ce que je suis » (*Othello*, I, 1, 65). Manifestement l'homme voisine avec la bête, cet autre qui est en lui et dont il ne peut se défaire. L'écrivain guette le moment de bascule. Se devine alors la crainte de la transgression des limites de la bienséance et de l'humain. La sexualité est souvent liée à ces connotations animales quand elle n'est plus envisagée sous le couvert d'un romantisme qui la limite au baiser. À la veille de son mariage, Anthony perçoit un rire de femme qui suggère une étrangeté terrifiante et démoniaque, ainsi qu'une mystérieuse jouissance :

Il commença, bas, prolongé et plaintif – quelque servante avec son ami, pensa Anthony –, puis enfla, devint hystérique et finit par lui rappeler une fille qu'il avait vue, en proie à un accès d'hilarité nerveuse irrépressible, à la représentation d'un vaudeville. Enfin, ce rire

> diminua, se résorba, pour s'élever à nouveau et s'accompagner de paroles [...]. Il s'interrompait par moments [...], puis reprenait, intarissable, d'abord agaçant, ensuite étrangement terrible. Anthony frissonna, [...] ému et bouleversé. Il eut beau essayer de se dominer, une qualité animale dans ce rire incoercible l'impressionnait et [...] éveillait son ancienne aversion et son horreur de cette affaire qui s'appelait la vie. [...] La vie, c'était ce bruit là-bas, ce bruit féminin, hideusement répété (*BD*, 177-178).

Gloria refusera d'envisager une grossesse qui lui rappelle la femelle babouin (*BD*, 447) et manifestera son dégoût des autres avec cynisme et horreur :

> Des millions de gens, dit-elle, grouillant comme des rats, bavardant comme des singes, empestant comme tout l'enfer... des singes ! Ou des poux, je suppose (*BD*, 448).

Cette violence fitzgeraldienne évoque, certes, une Amérique de l'entre-deux-guerres qui, à peine remise du traumatisme du conflit international, vit l'accélération effrénée du système industriel et commercial, mais aussi l'essor du crime organisé et l'enchaînement de scandales financiers et politiques. Plus profondément, cette violence dit à la fois la division structurelle fondamentale de l'individu et le sacrifice de l'écriture. Elle résulte de ce travail d'artisan des signifiants qui engendrent la mort de ce qu'ils disent. La naissance de l'œuvre se paiera toujours de la mort de l'auteur ainsi que l'ont expliqué Barthes ou Foucault. Fitzgerald parle de son travail d'écriture comme d'une blessure sanglante d'hémophile (*L* à F. Turnbull, 7 juill. 1936) ou de l'extraction douloureuse d'une dent (*L* à Zelda, 2 nov. 1940), concluant dans ses carnets :

> J'ai demandé beaucoup à mes émotions : cent vingt histoires. C'était cher payé, pour parler comme Kipling, parce qu'il y avait dans chacune de ces histoires une petite goutte de quelque chose, pas une goutte de sang, ni de pleur, ni de ma semence, mais quelque chose de

plus intime : ce que j'avais en plus. À présent je l'ai perdu et je suis désormais comme vous tous (*Notebooks*, 131).

Pour lui, écrire est bien une effraction, une déchirure : « Je pense souvent qu'écrire, c'est s'arracher un morceau de soi-même, qui te laisse toujours plus décharné, plus amaigri, plus nu » (*L* à Scottie, 27 avr. 1940). Ce manque obsédant et invisible auquel nul ne sait se soustraire et que l'écrivain tente de circonscrire de son mince trait d'encre rappelle la déchirante amputation de *Tender* :

> Il faudrait plutôt comparer la trace des souffrances à la perte d'un doigt, ou à celle d'un œil. Peut-être, au cours d'une année entière, ne vous manqueront-ils vraiment qu'une seule minute. Mais quand cette minute arrive, il n'y a plus aucun recours (*T*, 267).

Frontières et promontoires

La création romanesque de Fitzgerald se fonde sur un fin réseau de limites physiques ou subjectives qui disent son ancrage historique et sa spécificité nationale. En effet, le franchissement de la limite demeure un des éléments essentiels de l'américanité, comme le montre l'Histoire[1], et la société en crise de l'entre-deux-guerres se caractérise par la constante transgression des normes établies.

La topographie du monde fitzgeraldien foisonne de lignes de démarcation naturelles, technologiques et administratives qui semblent balafrer le paysage en tous sens, constituant des frontières qui se croisent et s'entrecroisent en un quadrillage géant à l'image des grandes villes américaines. Sur la Côte d'Azur, « De grands coups de crayon rouges et jaunes zébraient le ciel » (*T*, 84), ce ciel qui à New York, est la toile de fond où se découpent les gratte-ciel aux lignes verticales acérées (*GG*, 86-87 ; *BD*, 59). La

---

1. *Cf.* Gilles Deleuze et Félix Guattari, *L'Antiœdipe*, Paris, Éditions de Minuit, 1972, *passim*.

terre est parcourue d'un entrelacs de routes et de voies de chemins de fer qui se croisent et s'entrecroisent inlassablement, se côtoient quelque temps, comme dans la Vallée des Cendres (*GG*, 41), et se séparent pour suivre leur cours. Les rues se noircissent du trafic urbain formant de longs rubans sombres (*GG*, 75), les rails courent parallèlement à des quais bondés de voyageurs (*T*, 137). La terre est traversée de cours d'eau, eux-mêmes marqués du sillage des bateaux. Dans *Gatsby*, le Sound sépare West Egg et East Egg, il est bordé de lignes de résidences luxueuses (23) et sillonné par les bateaux à moteur (57). La sinistre Vallée des Cendres« est bornée d'un côté par une petite rivière infecte » (42). Ces limites fluviales sont coupées perpendiculairement par un réseau de ponts : le Queensborough Bridge (*GG*, 87), le Brooklyn Bridge photographié par Mr McKee (*GG*, 55) et autres ponts new-yorkais, mais aussi le Pont du Gard (*T*, 31), et jusqu'à un aqueduc romain en ruines (*T*, 34). Enfin, rivages et plages marquent la frontière ultime entre terre et eau, une frontière imprécise perturbée par le mouvement incessant des marées et coupée de la ligne des embarcadères, le plus fameux étant celui de Daisy où clignote la lumière verte observée de loin inlassablement par Gatsby. À moindre échelle, ces berges seront celles tranquilles du Sound (*GG*, 23), des lacs suisses (*T*, 191) ou du Lac Supérieur (*GG*, 116), mais plus souvent il s'agira du rivage marin. La côte marque les limites du territoire américain ; à l'apogée de son succès, Gloria semble incarner l'essence même du continent et est surnommée « Gloria-célèbre-d'une-rive-à-l'autre » par ses admirateurs (*BD*, 77). Fitzgerald évoque la plage de Gatsby, les promenades de Stahr et Kathleen le long des rivages californiens, mais surtout cette Côte d'Azur qu'il a fréquentée si souvent lui-même. Mentionnée furtivement dans *The Beautiful*, elle devient le décor privilégié de *Tender* et de plusieurs nouvelles (TS, OTA, IH, etc.). À la manière de Gerald Murphy, l'ami des Fitzgerald, Dick a aménagé sa propre plage qui semble protégée par une « muraille de Chine » (*T*, 41, 428) et chaque famille donne l'impression de posséder « la langue de sable qui prolong[e] son parasol » (*T*, 19).

Errants, les personnages fitzgeraldiens se déplacent frénétiquement à travers les continents ; franchissant sans cesse des frontières, ils rappellent le grand mouvement des pionniers évoqué à la fin de *Gatsby*. Héros de « minuscules Odyssées » (*T*, 126), ces Ulysse modernes et désorientés circulent sans relâche entre l'Amérique et l'Europe ; ils poussent parfois jusqu'en Afrique (*T*, 38, 146, 64, 255 ; OTA, O, 577-582) en Europe de l'Est ou en Asie (*T*, 309, 397). Dans chaque pays, des frontières plus subjectives se dessinent. L'opposition entre l'Est et l'Ouest du continent américain est nettement établie, en particulier dans *Gatsby*. Pour Nick, le Middle West est devenu « le bord effiloché de l'univers » (*GG*, O, 9) et il est plus attiré par la côte Est. Dans un pays autrefois partagé par la « Mason-Dixon Line » (*T*, 397), les divisions internes demeurent nombreuses : « Hollywood est une ville aux zones parfaitement distinctes » (*LT*, 117), Chicago est « nettement coupée en deux. Il y a le *North Side* et le *South Side*. Le *North Side*, c'est très chic, très élégant » (*T*, 242). Les couches sociales sont organisées en strates infranchissables protégées, semble-t-il à Gatsby, par « une barrière de barbelés » (*GG*, 168-169). À l'armée, Anthony découvre que la société est toujours divisée en deux. Pour les gens d'une classe donnée, il y a « leurs pareils – et ceux du dehors » : les militaires et les civils, les Blancs et les Noirs, les laïcs et le clergé, etc. ; « Le monde se divisait essentiellement en ces deux classifications » (*BD*, 384). Malgré tout, cette société cloisonnée se doit de fonctionner collectivement « dans le cadre de la loi », mais de nombreux protagonistes n'en ont cure. Cette expression définissant des limites sociales est même devenue ironiquement le titre d'une pièce de théâtre « épatante » (*BD*, 118).

Dans cet espace fortement quadrillé, un second réseau de cadres et de limites est défini par les fenêtres, les portes, les seuils et les perrons. Ils établissent une frontière entre deux espaces, déterminent des lieux de passage, de transition, parfois même de transgression.

Souvent, les fenêtres détachent leur cadre lumineux sur un fond d'obscurité ; Nick évoque les « fenêtres éclairées » de l'appartement de Tom et Myrtle brillant dans les ténèbres (*GG*, 53), imagine le cadre lumineux des vitrines devant lesquelles « rôdent » de « jeunes clercs sans argent [...] en attendant l'heure d'un dîner solitaire » – le substantif anglais *window* dit *fenêtre* et *vitrine* (*T*, 75). Les fenêtres sont des postes d'observation : de la sienne, Myrtle scrute avec jalousie la voiture où se trouvent Jordan et Nick (*GG*, 143) et, à travers le « petit rectangle de lumière » de la cuisine, Nick observe Tom et Daisy après l'accident (*GG*, 164), mais remarque : « Pour observer la vie sous le meilleur des angles, mieux vaut rester à la même fenêtre » (*GG*, 23). Quand Dick imagine la scène du train où Rosemary s'est compromise et qu'il tente inlassablement de voiler derrière un rideau, il la perçoit comme à travers une fenêtre, « blême d'émotion devant cet incident vu de l'extérieur, le secret inviolable de la chaude pénombre d'un compartiment » (*T, O*, 88). Elle endosse parfois un rôle tragique comme dans la nouvelle « Entre trois et quatre », où, tourmenté de remords, Howard Butler l'enjambe dans un ultime mouvement de désespoir : « Soudain, comme s'il devinait à quel point l'appel du néant était le bienvenu, il franchit la fenêtre, et se laissa glisser dans le vide des ténèbres » (BT, 570). Dans « Le Premier mai », un homme est violemment défenestré au cours d'une émeute (MD, 174). Pour l'héroïne du « Palais de glace », la fenêtre est un lieu de rêverie indolente quand elle est dans son Sud natal, mais devant celle du Nord, elle « frissonne », comme si elle lui suggérait son erreur d'être venue ainsi se perdre dans ces régions glacées (IP, 104, 118, 131). La fenêtre est donc non seulement l'espace de prédilection du voyeur, mais aussi celui de l'introspection et, par conséquent, celui de l'écriture. Malgré des erreurs de jugement, Nick est l'œil et la voix de l'écrivain quand il perçoit cette frontière établie par la fenêtre, les deux espaces qui en découlent et la double possibilité d'observation qu'elle procure :

> J'imaginais l'alignement de nos fenêtres éclairées, suspendues au-dessus de la ville, et qui devaient représenter, pour l'observateur de passage, arrêté dans l'ombre des rues, un mystère d'existence, et je finissais par le voir, levant les yeux vers nous et s'interrogeant. J'étais avec lui dans la rue, avec eux dans la pièce, attiré et repoussé tout ensemble par la profusion de contrastes que vous offre la vie (*GG*, 53).

Cette sensation d'appartenir à l'intérieur et à l'extérieur – « *within and without* » (*GG*, O, 42) – d'être acteur et observateur, d'être intéressé et effrayé par le spectacle de la vie décrit la position de l'écrivain selon Walt Whitman : « À la fois dans le jeu et en dehors, à le regarder et à s'interroger » (« Song of Myself », v. 79).

Isolé sur le perron de sa maison, Gatsby garde une distance évidente avec ses invités, au seuil d'un monde qui ne leur est pas accessible :

> Une solitude brutale semblait sourdre des portes et des hautes fenêtre, nimbant d'un halo de vide absolu la silhouette du maître de maison, immobile sur son perron, la main levée en un geste d'adieu de pure forme (*GG*, 74).

Portes et fenêtres disent l'isolement du héros plus qu'elles n'offrent un poste d'observation. Le seuil est un espace privilégié, un lieu de décision, un prélude imminent à la transgression ou au changement. Quand Gatsby retrouve Daisy chez Nick, il disparaît du salon à son arrivée pour refaire son entrée par la porte comme pour subir un rite de passage (*GG*, 103-104). Il exige ensuite que Nick et Daisy pénètrent chez lui par l'entrée principale (*GG*, 108-109). Les jeunes filles désirant être actrices se massent « sur le seuil » de la maison de Monroe Stahr (*LT*, O, 80), la mère de Myra apparaît menaçante « sur le seuil » de la pièce où Amory flirte avec la jeune fille (*S*, O, 22) ; mais le terme devient plus significatif encore dans *Tender*. Nicole franchit plusieurs seuils. Lorsqu'elle va séduire Dick définitivement et s'apprête à quitter la clinique, ce motif annonce la nouvelle phase de son existence :

> Des formes indécises allaient lentement d'une pièce à l'autre. Miss Warren ne fut d'abord que l'une d'entre elles. Mais elle se précisa dès qu'elle l'aperçut. Au moment où elle franchit le seuil, son visage sembla dérober toute la lumière de la pièce pour l'entraîner au-dehors avec elle (*T*, O, 132).

Le passage du seuil la transfigure et l'illumine, elle émerge du groupe sombre des malades pour renaître à la vie. Plus tard, sur le point de tromper Dick et de conquérir sa liberté, alors qu'elle vient déjà de le trahir en donnant sa pommade à Tommy, elle est vue dans l'encadrement d'une porte, au seuil d'une vie nouvelle, à la limite de la transgression de l'adultère : « Elle resta sur le seuil, une longue minute, consciente du péché qu'elle venait de commettre, effrayée à l'idée d'entrer dans cette chambre » (*T*, 426). Plus loin, elle se sentira la force d'éviter les écueils et de faire le pas décisif :

> Il fallait qu'elle réfléchisse à son tour. Elle savait qu'elle pourrait toujours frapper à la redoutable porte du rêve, dont elle connaissait le numéro, franchir le seuil d'une évasion qui n'était pas une évasion. Mais elle savait aussi que le péché le plus grave pour elle, dans le présent comme dans l'avenir, était de s'aveugler elle-même (*T*, 441).

Au début du roman, Rosemary est profondément dépendante de sa mère qui se tient tel un Cerbère sur le seuil trop dangereux que la jeune fille n'est pas prête à franchir : « Apercevant soudain le profil de sa mère, qui se détachait sur un fond de porte éclairée, elle eut un brusque élan d'amour pour elle, et voulut la rejoindre » (*T*, 65). Plus tard, à Paris, elle passe ce cap, franchit le seuil d'une vieille demeure recelant toute la modernité de la capitale et va bientôt, pour la première fois, entendre des propos déplaisants sur les Diver :

> C'est le futur qu'emprisonnaient les murs et la charpente, et l'on éprouvait une étrange secousse électrique, un véritable choc nerveux, quelque chose d'aussi diabolique qu'un mélange de porridge et de hachisch au petit déjeuner, lorsqu'on en franchissait le seuil (si tant est qu'on puisse parler d'un seuil) et qu'on pénétrait dans un vaste hall en acier (*T*, 119).

Ces frontières naturelles, artificielles ou sociologiques sont le reflet d'un paysage intérieur sillonné de limites. Le franchissement de la limite est associé à la transgression : Nicole se tient dans l'encadrement d'une porte quand elle s'apprête à trahir Dick, puis c'est sur un yacht au nom évocateur de bords et de limites, le *Margin*, qu'elle engage sérieusement sa relation amoureuse avec Tommy (*T*, 412). Face à la morale établie, les personnages font des choix variés, mais la notion de franchissement revient, donnant l'image d'une société déséquilibrée, oscillant sans cesse aux abords des limites. Alcool, drogues, activités illicites, inceste, adultère, sexualité perturbée, viols et meurtres déterminent un espace au-delà des conventions sociales traditionnelles. En revanche, Nick tient à se situer dans le cadre des limites sociales conventionnelles : « Je suis l'un des très rares hommes foncièrement honnêtes que je connaisse » (*GG*, 76) et il souhaite agir de façon régulière, en particulier dans ses affaires amoureuses. Cependant, son admiration pour

Gatsby le place à la limite des conventions morales classiques et il admet dès le début n'être pas parfait : « Après avoir fait un tel étalage de ma tolérance, je suis obligé d'avouer qu'elle a des limites » (*GG*, 20). Monroe Stahr s'est fixé un cadre de travail rigoureux, il ne cédera pas à la tentation et abandonne des projets de films « qui présent[ent] un intérêt limité » (*LT*, 156) pour rester fidèle à ses exigences. Dans « Un terme à la haine », nouvelle située pendant la guerre de Sécession, Josie n'écoute que son courage et sa générosité pour sauver l'homme qu'elle aime : « Josie accomplit un acte irrévocable, franchit une frontière aussi réelle que les fleuves qui délimitent celle de la Virginie » (EH, 1016). Mais la plupart des personnages fitzgeraldiens se situent de l'autre côté de la limite ; Dick pressent ce passage d'un bord à l'autre en se rendant rue des Saints-Anges : « Pendant son enfance, Dick avait souvent jeté des regards angoissés vers cette frontière incertaine de l'escroquerie » (*T*, 150) ; il se sent maintenant basculer de l'autre côté :

> Il comprit que cette façon d'agir marquait un tournant dans sa vie, qu'il se mettait lui-même en marge, qu'il était en complet désaccord avec son passé, en complet désaccord également avec l'image qu'il espérait donner de lui à Rosemary (*T*, 149).

C'est tout naturellement une frontière qu'espère franchir le comte Borowki, l'escroc d'« Une enfant d'hôtel » (HC, 484). La plupart des personnages semblent au-delà des conventions morales classiques, en route vers « l'envers du paradis », l'au-delà des limites sociales ; pour l'écrivain, c'est toujours aux abords de la limite, « de ce côté-ci du paradis », que se situe l'univers intéressant de l'écriture.

S'il existe des limites morales sans cesse dépassées et remises en cause, il est des frontières plus fondamentales. Les relations amoureuses sont souvent associées au franchissement de la frontière. Mary Minghetti a épousé un comte d'origine étrangère en seconde noces et le mariage ne remporte pas tous les suffrages : « Il appartenait à cette lignée kabylo-yéméno-berbéro-hindoue, qui serpente à travers l'Afrique et l'Asie » (*T*, 397). Le métissage – aspect du franchissement de la frontière puisqu'il produit des êtres au croisement de plusieurs races et cultures – semble entaché de connotations négatives ; on s'en souvient, Tom Buchanan craint l'avènement de la mixité raciale :

> – Aujourd'hui, on bafoue ouvertement la vie de famille et les institutions qui la protègent. Demain, on jettera tout par-dessus bord, et on verra des mariages entre Blancs et Noirs (*GG*, 148).

En lançant le sujet du tabou de la mixité raciale, Tom annonce la crainte de la différence, de l'altérité, de tout ce qui touche aux origines et au désir. Dans « Un coin bien tranquille », pour faire fuir les prétendantes indésirables, le jeune Dorrance prétend avoir une épouse de couleur qu'il cache honteusement (NQP, O, 256, 260). Le visage indien aux pommettes saillantes de North ne dénonce-t-il pas déjà sa déchéance comme le résultat d'une ascendance mixte (*T*, 24)? Tommy Barban joue de sa double appartenance avec fierté :

> – Vous êtes à moitié américain [...].
> – Et à moitié français. Depuis l'âge de dix-huit ans, je me suis battu sous huit uniformes différents (*T*, 56-57).

Le tabou du métissage réapparaît quand, dans sa confusion mentale, Nicole s'exclame avec désespoir :

> – Qu'est-ce que vous dites ? Que mon enfant est noir ? C'est honteux. C'est une plaisanterie stupide et honteuse. On a été en Afrique, c'est vrai, pour voir Timgad, parce que j'étais passionnée d'archéologie, à ce moment-là (*T*, 255).

Néanmoins, elle se sent attirée par Tommy et s'abandonnera à celui dont les origines méridionales et le hâle prononcé semblent évoquer la race qui la paniquait à

propos de son nouveau-né ou d'une « petite noiraude »
qu'elle croyait séduite par Dick (*T*, 298) :

> Tommy était tellement brûlé par le soleil que son visage
> avait perdu le charme du bronzage, sans atteindre à cette
> beauté bleu foncé qu'ont les Noirs. Cette étrange décolo-
> ration exotique, tous les soleils dont il venait, les nourri-
> tures surprenantes de tous ces pays surprenants, son lan-
> gage que tant de dialectes avait rendu comme hésitant, ses
> réactions harmonisées aux dangers les plus terrifiants –
> tout fascinait Nicole et tout la rassurait (*T*, 412).

Quand il deviendra son amant, il l'enlèvera métapho-
riquement vers des terres étrangères « comme s'il l'avait
capturée à Damas, et qu'ils galopaient avec assurance
dans les plaines de Mongolie » (*T*, 452-453). Perturbé par
ses désirs charnels, Dick imagine l'enlèvement d'une
jeune paysanne près de Savone : « Il aurait voulu lui
tendre les mains, l'aider à franchir la frontière, mais... ».
Il se voit alors se précipiter vers d'autres horizons, vers
« la fille perdue sur la plage » (*T*, 307). L'univers fitzgeraldien montre une société essentiellement divisée entre
mondes féminin et masculin, séparés par quelque « barrière artificielle » (*BD*, 164), par une « crevasse alpine »
(*T, O*, 144), une frontière apparemment infranchissable
déterminant deux territoires. Dans le salon de coiffure des
Diver, Nicole ne peut apercevoir le passage entre la salle
réservée aux femmes et celle pour les hommes qu'à travers un miroir (*T*, 466). La signature « Dicole » (*T*, 167)
n'est que la tentative illusoire d'une dilution de cette frontière incompréhensible et insurmontable.

Ce réseau de limites variées est une allusion à la
limite ultime vers laquelle s'achemine l'existence
humaine. Pour un auteur obsédé par la jeunesse, la
beauté et le passage du temps, la limite est ce butoir final,
inévitable et inconnu de la mort, frontière fatale qui se
devine dans le récit de Tommy et du Prince Chillicheff :
« Nous avons laissé trois cadavres à la frontière. Trois

cadavres de Gardes Rouges » (*T*, 310). Liée à la mort, la frontière est la solution envisagée par McKisco au cas où il tuerait Tommy en duel et devrait fuir le pays (*T*, 81).

Prélude au franchissement de la frontière entre vie et mort, une autre frontière obsède Fitzgerald : celle qui délimite la folie de la normalité. Pour l'auteur, crise nerveuse et folie tiennent du dépassement de la limite. Le motif du labyrinthe et celui du cercle sont les représentations les plus courantes de l'univers carcéral de l'instabilité mentale. À la fin de *Paradise*, Amory se sent prisonnier : « Il avait fui un espace clos pour se retrouver dans un labyrinthe » (*S*, O, 239) ; « La vie était une sacrée pagaille [...]. Le progrès était un labyrinthe [...] il s'approchait de l'entrée du labyrinthe » (*S*, O, 240). Dick, qui avoue à Franz « Nous commençons à tourner en rond », craint toujours « un nouveau cycle [...] de la maladie » pour Nicole (*T*, 283, O, 167-168), à l'image de ses patients pris au piège d'une limite circulaire infernale qui n'offre aucun espoir de fuite :

> Mais ce soupir les entraînait vers d'autres réflexions, qui, loin de s'enchaîner naturellement, comme chez les gens normaux, se mettaient à tourner sur elles-mêmes. À tourner, à tourner, à tourner, interminablement, comme un cercle infernal (*T*, 287).

Les deux barres métalliques qu'il utilise comme presse-papiers pour ses documents psychiatriques (*T*, 263) sont la marque visuelle de l'état de prisonniers des malades concernés par ses écrits. Dans *The Beautiful*, le thème de la folie apparaît progressivement. Cantonné dans son camp militaire, Anthony commence à être très perturbé, « la conviction de devenir fou s'enracina en lui » (*BD*, 400) ; lorsqu'il tente en dernier ressort de s'adresser à Bloeckman pour sauver sa situation financière désastreuse, il entend une chanson où apparaissent des mots prémonitoires : « sana », « fous » et « cinglée » (*BD*, 493). Juste avant sa crise nerveuse, il court çà et là en hurlant follement comme dans un labyrinthe, se perd dans le flot chamarré d'une pluie de timbres multicolores et s'effondre définitivement :

> Puis une obscurité épaisse, impénétrable s'abattit sur lui, abolit tout à la fois sa pensée, sa fureur et sa démence. Avec un bruit claquant, presque tangible, la face du monde changea sous ses yeux (*BD*, 504).

Ce « bruit claquant » indique qu'Anthony a craqué, que sa personnalité s'est brisée : il a basculé de l'autre côté de la limite. Plus loin, quand il déclare « J'ai vaincu ! » (*BD*, 507), il est évident que, bien qu'il n'en ait pas conscience, ce n'est pas à travers les difficultés qu'il est passé pour en triompher, mais à travers la frontière de la normalité et de la folie ; ce voyage est pour lui sans retour.

Plus que tout autre roman, *Tender* explore ce domaine trouble de la limite entre folie et normalité, préoccupation essentielle de l'auteur confronté à la maladie nerveuse de sa femme. Le héros exerce une profession directement liée aux troubles psychiques, il a choisi son épouse parmi les patientes d'une clinique, et il est lui-même en proie à de profondes transformations qui trahissent sa personnalité divisée. Nicole oscille perpétuellement entre deux mondes, deux personnages, tantôt jeune femme brillante, mondaine, modèle de beauté et de séduction, tantôt femme jalouse, hystérique et incontrôlable : « On nomme "schizophrène" quelqu'un dont la personnalité est divisée » (*T*, O, 191). Pour se protéger, Dick tente de « séparer résolument les deux Nicole, celle qui [est] malade, et celle qui [est] bien portante » (*T*, 266-267). Jusqu'à sa guérison en fin de roman elle ne cessera de passer d'un côté à l'autre de la limite et Fitzgerald compare la folie à un barrage qui fuit : « Mais, dans son acuité et sa mobilité, la folie rappelle la prodigieuse habileté de l'eau, lorsqu'elle veut fendre, contourner ou noyer un barrage » (*T*, 301). Si Nicole réussit à dépasser ses difficultés, à aller « au-delà des psychoses et des névroses » (*T*, 457), il n'en est pas de même pour Dick : « Combien de fois, depuis six ans, l'avait-elle entraîné bien au-delà de la frontière » (*T*, 296). Comme de nombreux hommes de sa génération, Abe North en particulier, Dick a joué avec le feu et s'est trop approché de la limite, suivant ainsi le schéma qu'il évoquait lui-même au début : « Les hommes remarquables frôlent constamment le bord du précipice. Ils ne peuvent pas faire autrement. Quelques-uns ne le supportent pas. Ils renoncent » (*T*, 161). Entraîné au-delà de la limite par Nicole, Dick verra sa personnalité se fissurer alors que Nicole réussira, elle, à revenir à la normalité.

Ce thème de la frontière entre équilibre et folie est lié au clivage entre conscient et inconscient. Psychiatre, Dick est bien placé pour une exploration qui s'avérera difficile, perturbante, voire fatale. Celui qui voyage aux limites de la conscience court de nombreux risques, à l'instar de la patiente de la chambre vingt (*T*, 289). Dick reconnaît que cette expérience n'était pas pour elle, mais il s'aventurera aussi sur ce territoire dangereux et s'y brûlera les ailes. L'exploration de l'inconscient est risquée, c'est une plongée au cœur du secret des origines. La ligne frontière fait allusion à la fondamentale division du sujet[2] ; derrière chaque acte et chaque parole, se dessine en calque le tracé de l'inconscient dont l'exploration fascine et terrorise. Le motif de limite qui structure l'écriture fitzgeraldienne est l'indice que l'auteur tente d'appréhender l'espace intérieur de l'individu.

Si le réseau de limites que nous venons de mettre en évidence reflète la constitution psychique de l'individu et son cheminement, il est aussi essentiellement lié à l'expérience scripturale. Anthony, en panne d'inspiration,

---

2. D'après Lacan, la division du sujet a une double origine : division du fait du langage et du fait de la pulsion sexuelle (ceci étant l'apport de Freud). *Cf.* Gérard Miller, *Lacan*, Paris, Bordas, 1987, 17.

prévoit « un plan de travail » («*an outline*»), mais il n'écrit rien : « Pas une ligne n'avait été tracée » (*BD*, 27-28). Le terme *line* est souvent utilisé dans le sens de « phrase » ou « réplique » : « [Gloria] n'a pas le moindre bagout [*a line*] littéraire ?» (*BD*, 49) ; « [Stahr a] commencé de souligner les répliques [*lines*] que Corliss et McKelway ne pourraient pas dire » (*LT*, 70). En visite dans le département des vieux écrivains, le producteur en repère deux « qui n'ont pas écrit une ligne » (*LT*, 161). En revanche, Cecilia admire Jane et un jeune homme préparant un script, « rédigeant chaque réplique [*line*] pour répondre à la réplique [*line*] précédente » (*LT*, 163). Incapable d'écrire quoi que ce soit dans son domaine de recherche, Dick se contente de souligner de deux traits les sommes qu'il reporte consciencieusement sur ses talons de chèque (*T*, 146). La trace écrite est une ligne, une limite elle aussi. Le tracé de l'encre sur le papier détermine des espaces comme une frontière. L'écriture délimite un creux, celui de l'inconscient ; écrire c'est tenter de maîtriser le texte inconscient. Le syndicaliste chargé de défendre les écrivains auprès de Stahr s'appelle Brimmer, nom qui évoque le bord et la limite. Dans les premières lignes de *The Beautiful*, Fitzgerald indique que nous sommes « au seuil de cette histoire » et nous laisse le loisir d'y pénétrer (*BD*, 13). L'écrivain se tient toujours sur le bord, il ne peut écrire que dans la marge, le littéral est le littoral. Il cerne de mots une vérité qui se dérobe et lui échappe mais qu'il souhaite explorer quel que soit le danger encouru, il est prêt à aller jusqu'aux « frontières de la conscience » (*T*, 292). Toujours à la périphérie, il se laisse aller à l'errance sur le rivage de la plénitude, perçoit la béance originelle sans pouvoir s'en saisir ni l'obstruer. Confiné au pourtour des vérités, il devient le symbole de l'errance et du flottement, approche du cœur des choses sans pouvoir aborder. L'écriture est son seul point d'ancrage, « d'encrage », dans une dérive à la recherche des mystères de l'être.

Le promontoire constitue une limite que Fitzgerald affectionne. Il offre la possibilité d'une vision panoramique, comme la fenêtre ; c'est aussi le lieu du vertige car il borde le gouffre ; limite essentiellement bivalente et ambiguë, il suppose une possibilité de transition ; c'est un point charnière, un lieu de décision.

Montagnes et collines font partie de la topographie réaliste de l'univers fitzgeraldien. Faisant pendant aux hauteurs des gratte-ciel de New York, la Vallée des Cendres se hérisse de « coteaux » et de « collines » de cendres (*GG*, 41). Nicole et Dick se rencontrent en Suisse et ce sera lors d'une excursion alpine que leur relation se nouera après une montée en funiculaire et en train à crémaillère. Puisque l'air des cimes convient à Nicole, les Diver établiront leur villa Diana sur un promontoire, à l'emplacement de l'ancien village des collines de Tarmes (*T*, 51), aux abords des Alpes qui délimitent l'Italie (*T*, 15). De là, ils offriront à leurs invités une vue aussi dégagée et prometteuse que celle des Alpes suisses. Pour la jeune Rosemary, la villa isolée sur sa colline deviendra une source de rêves et de fascination ; sa position élevée l'auréole de mystère et de charme (*T*, 53, 71). Le logement de Kathleen sur une colline d'Hollywood incarne tous les espoirs de Monroe Stahr (*LT*, 186). Le héros qui d'ordinaire ne quitte guère ses studios propose même à la jeune femme : « Nous irons dans la montagne demain » (*LT*, 187). Le motif de la falaise réapparaît souvent : les routes de la Côte d'Azur serpentent le long des corniches (*T*, 16) et le jardin de Nicole est bordé par une falaise ; après sa dispute avec Augustine, Dick regrette de ne pas l'y avoir précipitée (*T*, 49, 409). Abe North évoque le duel d'un roman de Pouchkine se déroulant au bord d'une falaise qui signifie la mort inévitable du moindre blessé (*T*, 81). Dans *Paradise*, après avoir longé la falaise à cheval en compagnie d'Amory, Eleanor y précipite sa monture par bravade (*S, O*, 217).

Tours, plongeoirs, escaliers, funiculaires, train à crémaillère et ascenseurs sont les marques d'un inlassable désir de montée au sommet du promontoire. Lisière avec le précipice, il est encore une image de la frontière entre la vie et la mort. Celui qui le maîtrise saura prendre sa destinée en main et parviendra à s'inscrire dans l'existence. Les aspirations de Gatsby sont symbolisées par l'échelle que semble former la rue :

> À la frange de son regard, Gatsby découvrait l'alignement des trottoirs, qui dessinait comme une échelle, et cette échelle conduisait vers un lieu secret au-dessus des arbres – il pouvait y monter, s'il y montait seul (*GG*, 129).

Pour lui, la jeune fille idéale est toujours au sommet du promontoire : « Tout en haut de son palais de marbre, fille du Roi, princesse d'or… » (*GG*, O, 126). Il se conforme donc au poème placé en épigraphe :

> Coiffe-toi donc du chapeau d'or, si ça doit l'éblouir ;
> Si tu sais bondir comme un acrobate, fais-le devant elle ;
> Qu'elle s'écrie enfin : « Ô amant coiffé d'or, amant
>   aux bonds d'acrobate,
> Tu dois être à moi ! »

La retrouvant, il se doit de l'emmener « au premier étage » de sa demeure (*GG*, 109). Au début de *Tender*, Nicole longe la falaise sans la maîtriser : encore en proie à son déséquilibre intérieur, elle recherche l'isolement que procure le promontoire. Libérée de sa névrose, en pleine possession de ses moyens, elle descendra seule à la plage pour parachever sa rupture avec Dick (*T*, 472) ; alors, ce dernier choisira le promontoire comme protection, comme lieu isolé où enfouir son désarroi. Dès leur premier baiser, un peu perturbé, « il grimpa jusqu'aux Rochers de Naye » puis redescendit à Montreux (*T*, 248). Pendant son congé de la clinique, il alla en Autriche tenter l'ascension du Birkkarspitze (*T*, 316). Alors que Nicole l'a quitté, il s'achemine de plus en plus vers les hauteurs à la recherche d'un isolement répara-teur : il est vu assis « au bord de la paroi rocheuse » (*T*, 456), puis « sur un grand rocher en surplomb » (*T*, 472), enfin, Baby glisse un regard discret et le voit « plus haut sur la terrasse » (*T*, O, 310). De là, il bénira sa plage pour la dernière fois à la surprise des vacanciers (*T*, 476). Sa prise de hauteur n'est pas une prise d'assu-rance, c'est une fuite ; il n'est pas surprenant que sa der-nière lettre soit postée de Geneva, New York (*T*, 477), un pis-aller pour la cité alpine. À l'inverse, son collègue Franz revient ragaillardi par quinze jours de randonnée et se sentirait presque en condition pour l'Everest (*T*, 391). À cette exception près, et il ne s'agit pas d'un Américain, seules les femmes parviennent à maîtriser le promontoire et à circuler librement entre ses différents étages. Ce dernier offre une vision dégagée sur les pro-fondeurs et sur l'espace, mais qui a le vertige risque d'être attiré par le vide. Du promontoire se découvrent vérités et espaces intérieurs que les protagonistes mas-culins de Fitzgerald ne savent apparemment pas affron-ter. En revanche, à l'aide d'un peu de bromure, Violet McKisco a résisté au choc de ce qu'elle a découvert « là-haut » chez les Diver (*T*, 66) ; Nicole surmonte ses angoisses et redescend guérie de la grande roue et de la villa Diana ; Rosemary se remet rapidement de sa pneu-monie due à trop de plongeons dans l'eau glacée de Venise (*T*, 36). Un moment perturbant, le promontoire assure finalement à toutes la maîtrise de l'horizon.

Si le promontoire reste indissociable du précipice, pour qui a échoué dans sa maîtrise, l'au-delà obsédant et attirant signifiera la chute. Dans leur quotidien, Zelda et Scott Fitzgerald manifestaient une fascination morbide pour le gouffre, à la grande inquiétude de leurs proches, les Murphy en particulier, à qui *Tender* est dédié. À Saint-Paul-de-Vence, au cours d'une soirée, Zelda, jalouse d'Isa-dora Duncan, se précipita la tête la première dans les escaliers[3]. Les époux se défiaient également dans de dangereux plongeons depuis les falaises bordant la côte. La mort en plongeant d'un bateau, ou plus précisément « *a swan dive* », était la forme de suicide préférée de Fitzgerald[4]. Enfin, par deux fois, Zelda faillit précipiter volontairement leur voiture au bas d'une route escarpée[5].

Les chutes diverses qui jalonnent *Tender* rappellent le comportement irresponsable des Fitzgerald. Comme Zelda, Nicole provoque un accident de voiture au retour de la fête foraine ; l'aubergiste voisin s'exclame alors : « Si vous n'aviez pas rencontré cet arbre, vous auriez roulé jusqu'en bas ! » (*T*, 304). Dans *Gatsby*, Henry L. Palmetto, un des invités du héros, « s'est suicidé en se jetant sous une rame de métro à Times Square » (*GG*, 81). Dans *Tender*, le motif du plongeon, présent dans le patronyme du héros, revient fréquemment, chargé de connotations négatives. Rosemary explique qu'elle a attrapé une pneumonie lors d'un tournage en plein hiver : « On m'a donc demandé de plonger, de plonger et de replonger, toute la matinée » (*T*, 36). Le plongeon est dangereux près de la plage des Diver puisque des requins ont déjà dévoré deux marins britanniques (*T*, 18-19). À bord du *Margin*, Nicole s'inquiète pour Dick qu'elle voit debout sur le pont prêt à sauter ; il lancera alors comme une boutade : « C'est un endroit rêvé pour se jeter par-dessus bord » (*T*, 418-419). Plus tard, sa déchéance se manifestera dans l'échec de son acrobatie à ski nautique qui le précipitera impuissant dans les vagues (*T*, 433-434). Il est désormais incapable de contrôler ses plongeons et évite les hauteurs trop importantes (*T*, 431), laissant à d'autres le soin d'effectuer « de superbes exhibitions de plongeons, du haut d'un rocher

---

3. M. J. Bruccoli, *op. cit.*
4. *Cf.* Roger Grenier, « Le suicide préféré », *Trois heures du matin*, 181.
5. André Le Vot, *Scott Fitzgerald*, 262.

de quinze mètres » (*T*, 429). La mort de Gatsby peut être assimilée à un plongeon raté, puisqu'il est trouvé assassiné dans sa piscine (*GG*, 182-183).

Descentes, sauts et chutes caractérisent ce qui semble se passer au-delà de la limite du promontoire. Tout étourdi de ses retrouvailles avec Daisy, Gatsby manque trébucher dans les escaliers (*GG*, 110). Malgré l'exaltation de l'ascension du Birkkarspitze, Dick est contraint par les intempéries à redescendre sans avoir atteint son but (*T*, 316). Monroe Stahr que l'on imagine avoir pris un envol merveilleux a dû lui aussi atterrir de force :

> Il avait volé très haut pour voir, porté par des ailes vigoureuses, lorsqu'il était tout jeune. [...], puis se rappelant tout ce qu'il avait vu, de sa hauteur, du fonctionnement des choses, il s'était posé graduellement sur la terre (*LT*, 39-40).

En revanche, ayant retrouvé son équilibre, Nicole se prépare à la fin du roman pour le bond libérateur, celui qui lui permettra de quitter le précipice ; elle ressent alors « l'imminence d'un saut » (*T*, O, 277).

Évoquant ses frasques, sans doute symptômes de son déséquilibre, Zelda aimait « explorer ses abîmes en public »[6]. Si la frontière rappelait la barre séparant conscient et inconscient, le motif de la chute indique la profondeur du champ d'investigation s'offrant à celui qui s'interroge sur l'être. Le rôle de l'écrivain est l'exploration de cet abîme ; il y entraîne le lecteur à la découverte du mystère de l'inconscient et de la destinée humaine. Sa tâche est donc de première importance :

> Quelqu'un a dit – je cite de mémoire : « Lorsqu'un écrivain réussit à sonder son âme, ou celle des autres, un peu plus loin qu'on ne l'avait fait avant lui, et met ainsi à jour, grâce aux dons qu'il possède, ce que personne

---

6. *Cf.* J. Meyers, *Scott Fitzgerald*, 70.

n'avait découvert, ou n'avait oser révéler, il élargit le champ de la vie humaine » (*L* à M. Kroll, 2 août 1939).

À sa manière, Fitzgerald offre une perspective dégagée sur les ressorts internes de l'individu. Un pied posé sur chaque rive et malgré le vertige suscité par le gouffre, il perçoit l'abîme et nous fait partager sa vision alors que son espace littéraire se construit grâce à cette véritable expérience des limites.

Ténèbres

Outre la chute, le passage de la limite vaut au héros fitzgeraldien de se retrouver souvent dans un univers de ténèbres. Cette obscurité est caractéristique de l'univers créé par l'auteur, essentiellement nocturne ou, plus souvent, crépusculaire. Pour l'écrivain qui dira la difficulté d'écrire gaiement quand il est plongé dans « un monde de ténèbres » (*L* à R. Garis, 22 fév. 1938), la toile de fond est sombre ; les mots « sombre », « obscur », « noir », « nuit, « obscurité », « pénombre » et « ténèbres » émaillent son écriture et semblent constituer la base de son décor littéraire. La nuit noire, c'est le temps des fêtes et soirées. L'obscurité est partout, elle marque le paysage extérieur et intérieur, caractérise l'espace temporel comme le physique des personnages. Gatsby tend les bras vers les eaux noires du Sound (*GG*, 39) ; Rosemary rêve aux Diver perchés sur la colline « au-delà » de ces eaux qui gardent leur mystérieuse obscurité et dont on retrouve, dès que l'on gagne le large, les sombres profondeurs, « le bleu presque noir » (*T*, 27). Dans *Tycoon*, de nombreux passages se déroulent de nuit, et l'univers du tournage et de la salle obscure impose ses teintes sombres. Dans *The Beautiful*, Bloeckman, qui travaille pour « Films Par Excellence », prendra le nouveau patronyme de Mr Black (*BD*, 450). L'adjectif « sombre » caractérise des visages, des yeux, des chevelures, des maquillages, des silhouettes ou des êtres dans leur ensemble. Dans *Tender*, les personnages se divisent en deux camps : les « blafards » (« *the light* ») et les « bronzés » (« *the dark* ») (*T*, 19).

Outre la nuit chère à l'auteur, d'autres temps sombres sont évoqués. Pour Nick, le rêve américain est enfoui dans le passé, dans « les sombres espaces de [la] nation » (*GG*, 203). Anthony qui prétend écrire sur le Moyen Âge se voit répliquer par son grand-père qu'il s'agit de « L'Âge des ténèbres » (*BD* 27), période par conséquent sans intérêt. Ce choix ne fait que présager la sombre destinée du héros dont les difficultés seront, entre autres, présentées dans un chapitre intitulé « Dans les ténèbres » (*BD*, 277). Quand Dick enterre son père, des spectres apparaissent : « Leurs âmes si longtemps façonnées par l'ombre inconnue des épaisses forêts du dix-septième siècle » (*T*, 320) ; mais plus que les temps anciens, c'est l'avenir du héros qui est plongé dans les ténèbres. Les temps sombres et difficiles sont à venir, l'obscurité est pénétrante et fascinante à la fois, elle « s'insinu[e] » (*BD*, O, 323) ; en son sein, semble résider une connaissance effrayante : « la magie noire du monde » (*T*, O, 164).

Précipités au cœur de la nuit, les héros de Fitzgerald nous font découvrir un au-delà effrayant et insondable. Leur errance est un voyage au plus profond des abysses intérieurs. Se profilent alors la nuit de l'inconscient et les mystérieuses ténèbres originelles. Ces ténèbres ne sont pas apaisantes, elles sont l'obscurité tourmentée où se dessine la vérité de l'être : « l'obscurité impatiente » (*GG*, 40). Elles recèlent « l'inconnu, l'inexpliqué, l'inexploré, l'inanalysable » (*T*, 316), « quelque chose d'extraordinaire et d'obscur » (*T*, O, 192). Poussée par ces forces mystérieuses, par « Dieu sait quelle sombre histoire », Maria Wallis ira jusqu'au meurtre (*T*, 140). Gloria repousse au fond de ses abîmes intimes, des craintes surgies d'on ne sait où :

> Plus tard, en juin, l'Horreur montra sa face grimaçante à Gloria, la frappa et effaroucha son âme radieuse, jusqu'à la faire reculer d'une demi-génération. Puis elle se dissipa peu à peu, s'effaça de nouveau dans les ténèbres impénétrables d'où elle était issue – emportant implacablement une partie de la jeunesse de Gloria (*BD*, 230).

Incapable de trouver la lumière dans sa chambre un soir d'orage (*BD*, 282), elle s'enfuit à tâtons : « Anthony lui-même faisait partie de ce poids, partie de cette maison néfaste et des sombres ténèbres qui s'épaississaient autour d'elle » (*BD*, 285). Explorateur des ténèbres intérieures par profession, Dick se sent lui-même enveloppé par l'obscurité ; il déclare qu'il est « la Peste Noire » (*T*, 342) et sombre dans le désenchantement : « Que pouvait-il faire d'autre que de regagner son hôtel et s'endormir, le cœur en deuil ? » (*T*, 348).

Les ténèbres sont chargées de fortes connotations sexuelles, elles recèlent le secret de la scène primitive, ce sont « les ténèbres érotiques » (*T, O*, 38) qui troublent Dick mais aussi Anthony quand il entend ce rire de femme perturbant (*BD*, 177-178). Il pressent alors « le continent noir » fascinant et effrayant. Parfois terrifiantes, les ténèbres sont aussi source de plaisir, siège de la jouissance du corps. L'obscurité a parfois la douceur et la chaleur de la matrice et de l'illusoire union parfaite des corps qui est l'aspiration de tous. Rosemary se rêve allongée près de Dick, « qu'il soit là, avec elle, dans cette pénombre chaude où ils étaient plongés » (*T*, 130). Mal à l'aise, le héros tente désespérément d'oublier l'anecdote de la jeune fille surprise en situation équivoque dans « la chaude pénombre d'un compartiment » (*T*, 145). À New York, Nick s'imagine poursuivre des femmes romantiques :

> Parfois je les suivais en rêve jusqu'à leurs appartements, au carrefour de rues secrètes, et elles tournaient la tête et me souriaient avant de s'effacer derrière une porte dans l'obscurité rassurante (*GG*, 75).

L'espace réduit et confortable des taxis de nuit semble marqué du sceau des « ténèbres érotiques » ; les amants s'y réfugient à la recherche de l'ultime fusion. Dick embrasse Rosemary avec passion « au fond de ce taxi, plus sombre qu'une grotte ». Alors, la jeune fille perd son regard dans « la nuit si noire, le monde si noir » (*T*, 107). Cette allusion à la « grotte », à la chaude caverne protectrice, revient dans le titre du passage où Anthony entend le fameux rire de femme : « Le Souffle de la caverne » (*BD*, 176).

Enfin, les ténèbres sont aussi le domaine de la folie, le lieu où l'obscur inconscient prend les rênes et mène la danse. Dans *The Crack-Up*, où il conte sa « banqueroute émotionnelle », Fitzgerald affirme : « Dans la vraie nuit de l'âme, il est toujours trois heures du matin, jour après jour » (*CU*, 46). Les patients de la clinique ont sombré « dans l'obscurité éternelle » (*T*, 286) qui se devine dans les lettres de Nicole : « Il y avait eu d'autres lettres, où certains silences désespérés dissimulaient des impulsions plus obscures » (*T*, O, 121). Bien qu'elle soit protégée par sa froideur de Pallas Athéna, elle redoute « l'ombre bleue de l'avenir » (*T*, 254). Au moment de la naissance de Topsy, « tout est redevenu noir » (*T*, 255). Dick craint pour elle les ténèbres mentales définitives :

> Parfois, lorsqu'il pensait qu'elle pouvait mourir, s'enfoncer dans les ténèbres de la folie, ou aimer un autre homme, il en ressentait un malaise physique (*T*, O, 217).

Anthony ressent les prémices d'un déséquilibre alors qu'il est militaire :

> Seul Anthony savait à quelles ténèbres on aboutirait, dès l'instant où ce qu'il avait de pire en lui pourrait rôder dans sa conscience, impunément (*BD*, 400).

Finalement, il craque et la nuit s'abat sur lui :

> Puis une obscurité épaisse, impénétrable s'abattit sur lui, abolit tout à la fois sa pensée, sa fureur et sa démence (*BD*, 504).

Cette errance dans les ténèbres du déséquilibre mental est un prélude évident à l'obscurité de la mort, ultime frontière et chute définitive que pressent Sally lorsqu'elle se perd dans le palais de glace qui se referme sur elle tel un sombre cercueil gelé :

> Son appel s'enfonça dans l'obscurité, comme par dérision. Brusquement, les lumières s'éteignirent et elle se trouva dans une obscurité totale. Elle poussa un petit cri d'effroi et s'effondra sur la glace, où elle se recroquevilla. […] une terreur profonde, bien plus grande que la crainte d'être perdue, venait de s'emparer d'elle. Elle était seule avec cette présence venue du Nord […]. C'était une respiration glacée, celle de la mort, qui, à travers ces terres désolées, s'avançait pour la saisir. Avec l'énergie du désespoir, elle se releva et fonça dans l'obscurité (IP, 129).

Dick est préoccupé par le sort tragique de sa patiente de la chambre vingt qu'il voudrait soulager, « il avait tenté, en réalité, de donner un semblant de lumière aux ténèbres qu'elle affrontait » (*T*, 374). À la villa Diana, dans la confusion générale, c'est lui qui organise le transport des lampes et le narrateur remarque : « Qui ne se montrerait ravi de saisir une lampe avant de plonger dans l'obscurité ? » (*T*, 66). L'écrivain sera, à l'image de Dick, celui qui éclaire de sa torche des mystères enfouis le long de corridors obscurs. L'encre sera l'outil qui permet la recherche de la limite, l'exploration de l'inconnu, elle est le fascinant liquide noir qui dit l'être : « la mer d'encre » (*T*, O, 39). L'écriture est moyen de cerner les ténèbres originelles et fondatrices de l'être. Elle permet de fouiller la grande nuit de l'inconscient et de nous entraîner dans un voyage au bout de la nuit. Elle cerne l'indicible et l'innommable car dans la nuit « l'invisible est alors ce que l'on ne peut cesser de voir, l'incessant qui se fait voir »[7].

---

7. Maurice Blanchot, *L'Espace littéraire*, Paris, Gallimard, 1955, 215-216.

Zone franche

Parfois la limite se fait trouble, devient un espace intermédiaire ; la ligne de démarcation bien définie se dilue en un entre-deux, une sorte de zone franche. Cet entre-deux est tout d'abord géographique, le lieu privilégié de l'errance qui agite constamment des personnages qui ne savent plus très bien où poser leurs valises ; il est l'espace de la transition et de l'indécision. Dans *Tender*, la plupart des personnages, incapables de vivre sur la terre de leurs ancêtres, mais trop perturbés pour tenter l'aventure en Asie comme Tommy, ont choisi de s'installer en Europe, le continent à mi-chemin entre le Nouveau Monde et l'Asie ancestrale. De façon plus resserrée encore, Dick et Nicole se rencontrent en Suisse, au cœur de l'Europe, dans l'espace neutre du conflit international de 1914-1918. Ce morceau de terre est un havre de paix au sein d'un continent déchiré :

> La Suisse était alors une île, que venait battre d'un côté les tempêtes de Gorizia, de l'autre les orages d'acier de l'Aisne et de la Somme (*T*, 185).

Dans *Tycoon*, Cecilia rencontre Monroe Stahr pour la première fois dans un avion, entre ciel et terre, puis sa relation avec Wylie White et le monde des studios se noue au cours d'une escale imprévue au milieu du continent, entre l'Est et l'Ouest, dans un espace neutre et inconnu, « loin au fin fond de nulle part » (*LT*, 23). À West Egg, la maison de Nick est située « à la pointe extrême de l'œuf » (*GG*, 23). Résidence du narrateur-observateur toujours à la périphérie des événements, elle se distingue par sa modestie qui l'isole des luxueuses maisons avoisinantes (*GG*, 23). C'est la demeure idéale de l'homme intermédiaire qui joue l'entre-deux entre Gatsby et Daisy, entre Gatsby et le monde, et enfin, en tant que narrateur, entre Gatsby et le lecteur. De la même façon, Wilson, l'instrument de mort reliant les différents lieux et personnages, tient un garage « à la limite » de la Vallée des Cendres (*GG*, O, 30). Cette vallée sinistre est le territoire repoussant, et cependant inévitable, « à mi-chemin entre West Egg et New York » (*GG*, 41). C'est un «*Waste Land*» entre deux univers luxueux et apparemment féeriques. Cette disposition fait écho au modeste « bungalow [de Nick] coincé entre deux énormes bâtisses » (*GG*, 22-23), mais aussi à l'hôtel Gausse de *Tender* qui est « à mi-chemin de Marseille et de la frontière italienne » (*T*, 15). Les embarcadères définissent une zone franche : « Lorsqu'on arrive sur les quais […], on se trouve dans un pays qui n'est déjà plus celui d'où l'on vient, pas encore celui où l'on va » (*T*, 302). Le lieu privilégié de Dick est la plage, une bande de sable entre la côte et la Méditerranée. Quand il la quitte pour la mer, il monte à bord du *Margin* pour noyer son mal-être (*T*, 410) ; il n'appartient alors plus vraiment à la terre mais pas encore à l'eau.

Le motif de l'arrêt suspendu est caractéristique de cet univers de l'entre-deux. Les créations technologiques sont promptes à s'immobiliser en cours de mouvement. Le train s'arrête toujours, si ce n'est qu'une minute, au milieu de la Vallée des Cendres, le domaine particulier de l'entre-deux (*GG*, 42). En Suisse, Dick et Nicole se trouvent dans un funiculaire ; les cabines s'immobilisent pour permettre aux deux conducteurs de converser : « Le funiculaire stoppa brusquement. Ceux qui le prenaient pour la première fois s'effrayèrent d'être ainsi en suspension entre deux fragments de ciel bleu » (*T*, O, 148). Plus tard, à la fête foraine, la grande roue maintient Nicole en suspension dans sa nacelle (*T*, 298). De nombreux personnages plongent d'étage en étage à bord d'ascenseurs qui s'immobilisent régulièrement.

Cette atmosphère de suspension et de flottement, typique de l'univers de l'entre-deux, est à l'unisson de l'ivresse, de la danse, du désordre amoureux, mais aussi du déséquilibre mental qui caractérisent la fiction de Fitzgerald. Dans *Tender*, la table de la villa Diana s'élève comme par magie : « La table donnait l'impression de s'être détachée du sol et de s'élever lentement vers le ciel, comme une piste de danse » (*T*, 62). Au bas de la falaise, « le bateau qui rentrait des îles de Lérins flottait à l'horizon, comme un ballon de fête, qu'un pied maladroit aurait lancé contre le ciel » (*T*, 67). Plus tard, la nuit est en suspension : « C'était une nuit très pure et très noire, suspendue comme un grand panier à une seule étoile un peu mélancolique » (*T*, 69). Cette impression de flottement s'accorde à l'état mental des patients de la clinique qui ne réussissent jamais à s'arrimer solidement sur un rivage. Dick, solide au commencement, a la force de stabiliser Nicole :

> Comment supporter que cette femme si belle, cette tour élancée, ne sache pas se tenir droite, qu'elle cherche toujours un appui, qu'elle ne puisse le trouver qu'en lui ? (*T*, 300).

Leur relation se joue sur des rapports d'équilibre minutieux, un peu à la manière du fonctionnement du funiculaire : alors qu'une cabine descend, l'autre monte, mais ce serait une catastrophe si un câble cédait (*T*, 234). Par le jeu du transfert, Dick permet à la cabine de Nicole de remonter des profondeurs de la maladie, mais finalement, pour lui, le câble lâchera. Après leur premier baiser, Nicole semblait maîtresse de leur état de suspension, menait le jeu : « Elle voulut l'éprouver, joua les coquettes, se détacha de lui, le laissant suspendu entre ciel et terre, comme il l'avait été cet après-midi-là, dans le funiculaire » (*T*, 246). Au Café des Alliés, parce qu'il n'y a plus de « *Black and White* », il choisit un « *Johnny Walkaire* » (*T*, 467), ou peut-être plutôt « *walk on air* », ce qui suggère son flottement d'être perturbé qui se cantonne à la zone franche. Finalement, bien que la maladie ait des hauts et des bas, caractérisés par le mouvement circulaire de Nicole sur la grande roue de la fête foraine (*T*, 298), c'est Dick qui succombera au vertige ; le désir de Nicole de flotter librement sera plus fort que tout : « Ne plus être un boulet de plomb mais une plume, ne plus se traîner lourdement, mais voler en se balançant… » (*T*, 237).

La zone franche de l'entre-deux est aussi un espace temporel. Comme celles de Gatsby, la soirée des Diver à la villa Diana est un moment privilégié, hors du temps, pour les invités subjugués. La vie de Dick s'étage entre deux rencontres :

> Mais, entre le moment où il avait rencontré Nicole, comme une fleur perdue sous une pierre du lac de Zurich, et celui où il avait rencontré Rosemary, le tranchant s'était émoussé (*T*, 314-315).

Œuvre située tout entière dans l'entre-deux-guerres, ces vingt années de répit volées à la folie guerrière des hommes, les romans de Fitzgerald présentent des intervalles, des portions de temps entre parenthèses. Dans *Gatsby*, Klipspringer chante cet espace temporel intermédiaire :

> *In the meantime,*
> *In between time* (*GG*, 114).

R. W. Stallman affirme que dans *Gatsby* il y a un manque temporel[8]. Fitzgerald semble fasciné par ces espaces intermédiaires. Il placera Rosemary en début de roman dans une position charnière, « à mi-chemin de ces blafards et des bronzés » (*T*, 19). Il affectionne ces moments transitoires entre le jour et la nuit, entre la lumière et l'obscurité, si inconfortables et équivoques soient-ils. Il est l'écrivain du crépuscule, de cet espace temporel fugitif entre chien et loup. Cet instant de frontière

---

8. R. W. Stallman, « Gatsby and the Hole in Time », *Modern Fiction Studies*, 1955, vol. 1, 2-16.

entre le jour et la nuit est « l'heure violette » de T. S. Eliot (*The Waste Land*, v. 215, 220), l'heure froide de l'entre-deux, « le petit matin mauve » (*T*, 359), « l'équilibre instable entre le jour et la nuit » (*T*, O, 228).

La teinte violette est celle des transitions qui établissent une frontière telles « les Alpes violettes qui délimitaient l'Italie » (*T*, O, 1). Cette teinte caractéristique du crépuscule, mais aussi du demi-deuil et des ombres, à mi-chemin entre le rouge solaire et le bleu nuit, revient par touches successives, intimement liée à l'univers féminin. L'épouse de McKisco se prénomme Violet, c'est elle qui a assisté à la crise de Nicole dans la salle de bains. Pour la maintenir dans l'espace frontière du silence et de l'occulté, Mrs Abrams lui a donné du bromure (*T*, O, 43) ; ainsi calmée elle ne dépassera pas les limites de la bienséance et de l'équilibre mental, l'événement de la salle de bains demeurera une parenthèse ignorée de presque tous. Les femmes portent des robes ou des chapeaux aux camaïeux variant du mauve au violet. Même les yeux de Dot, la maîtresse d'Anthony, semblent prendre cette teinte crépusculaire : « Étaient-ils violets ou leur obscurité bleue se mêlait-elle aux teintes grises du crépuscule ? » (*BD*, 369). La campagne et les jardins sont fleuris de violettes, de cornouillers violets, de lilas, d'iris et de roses « aux tiges presque mauves » tandis que les armoires embaument de lavande (*BD* 175, 385, 387 ; *GG*, 168, 103 ; *T*, 49-50). Dans *Paradise*, Amory est vêtu de violet de la tête aux pieds (*S*, O, 24), ce qui amènera sa mère à plaisanter : « Tes sous-vêtements sont-ils violets aussi ? » (O, 26). Sa tenue rappelle son mentor ecclésiastique, Monsignor Darcy, vêtu de « ses plus beaux atours violets » (O, 29). Dans *Gatsby*, à l'heure intermédiaire des retrouvailles avec Gatsby, la voiture de Daisy passe sous les lilas et la jeune femme en émerge coiffée d'un tricorne lavande (*GG*, 103).

Mais le mauve et le violet sont aussi les teintes des bleus d'une chair ou d'une âme contusionnées. Dans un poème, Alec Connage évoque une jeune endormie au cou meurtri d'« une tache violette » (*S, O,* 55). Au moment étrange où Amory a une vision diabolique, Axia se moque de lui : « Ouh la la ! Amory est surveillé par un zèbre violet ! » (*S, O,* 108). Pour aller à son appartement de New York, Myrtle choisit un taxi « bleu lavande » (*GG,* 45) et cette couleur annonce le coup que Tom lui portera au visage pendant la soirée (*GG,* 54). Quand Nicole arpente son jardin qui se fond avec « l'agglomération gris-mauve du village » (*T,* 51), elle arbore un foulard lilas qui projette une ombre colorée sur son corps :

> Elle avait noué autour de son cou une écharpe lilas, et malgré le soleil, qui tuait toutes les couleurs, cette écharpe lilas se reflétait sur son visage et colorait jusqu'à son ombre, chaque fois qu'elle faisait un pas (*T,* 49).

Cette ombre violacée est à l'image de l'esprit torturé de l'héroïne, contusionné des coups de la vie, un peu comme Amiens, « mauve et pleine d'échos » qui ne s'est pas encore remise de la guerre (*T,* 100). Enfin, c'est en jetant un regard attendri à ses lilas qu'Adam Patch évoque son obsession de l'au-delà (*BD,* 167). Le violet est la teinte du crépuscule, de l'entre-deux géographique et temporel, la couleur de la transition, de l'indécision et de l'attente, mais aussi de la souffrance.

L'entre-deux n'est pas uniquement un espace géographique et temporel, il est aussi le reflet de certains comportements. L'entre-deux, c'est la marge, l'univers marginal où Dick se plaît à recruter ses amis et ses invités :

> Rosemary faisait partie d'une douzaine de personnages qu'il avait pris « en charge » ces dernières années. Parmi eux : un clown de cirque français, Mary et Abe North, un couple de danseurs, un peintre, un romancier, une actrice du Grand Guignol, un pédéraste à moitié fou de la troupe des Ballets Russes, un ténor plein de promesses [...] (*T,* 142).

À ce propos, il est particulièrement significatif que Dick choisisse d'aller à bord du yacht le *Margin* (*T*, 410), dont le nom et les passagers caractérisent le monde marginal qui l'attire. La liste de ses connaissances rassemble des originaux et l'étrange correspondance entre ses intimes et les malades de sa clinique résonne d'échos sinistres. Bien sûr, il y a avant tout Nicole, ex-pensionnaire de la clinique Dohmler, mais d'autres ressemblances se font jour entre ses fréquentations et ses patients homosexuels, alcooliques, déprimés ou nymphomanes. Plus inquiétant pour Dick est le fait qu'il compte parmi ses malades un psychiatre « complètement prostré » (*T*, 293). Enfin, il y a le cas douloureux de l'artiste de la chambre vingt (*T*, 289) qui annonce la souffrance et la mort des artistes (Abe par exemple) et de tous ceux qui ont tenté d'explorer « les frontières de la conscience » (*T*, 292), comme Dick.

La plupart des personnages des romans de Fitzgerald appartiennent à cet univers de craintes et d'incertitudes, de doutes et d'errance, un espace de distorsion et d'occulté où se mêlent réalité et fantaisie grotesque. Toujours sur le fil du rasoir, ses protagonistes frisent la limite, ils sont « entre la frontière du réel et de l'irréel » (*T*, 297), ils s'acheminent le long d'un bord escarpé et dangereux sur lequel les êtres risquent de déraper et de basculer dans le vide.

Pour ceux qui demeurent dans la zone franche, ces limbes constituent la lisière d'un au-delà attirant. Fasciné par cet ailleurs Gatsby tend inlassablement les bras vers l'autre rive (*GG*, 39) et, à la fin du roman, Nick imagine que demain nous ferons tous de même (*GG*, 204). Pour ceux cantonnés « à mi-chemin entre la mort et l'immortalité » (*BD*, 13-14), l'au-delà demeure le désirable, le haut lieu de la jouissance, le siège privilégié de la connaissance, même s'il signifie la mort.

Profondément ému par Keats, Fitzgerald a emprunté ses notions d'empathie et de « *negative capability* » au poète. Nick, si différent de Gatsby, narre son histoire avec empathie et retenue ; l'évolution de Dick est contée à mots couverts pour évoquer l'espace d'inconnu qui l'entoure. Réalisme, précision, cohérence et objectivité sont sacrifiés au profit de l'émotionnel, de l'onirique, de l'évasif et du subjectif. Cette utilisation du flou scriptural, de la suggestion et du mystérieux situe l'œuvre de Fitzgerald dans l'univers de l'entre-deux. Y appartenir, c'est savoir utiliser les éclipses et les présomptions de sens, c'est être dans le non-dit pour suggérer mieux encore l'indicible, transcrire « l'inconnu, l'inexpliqué, l'inexploré, l'inanalysable » (*T*, 316) ; pour dire aussi ce qui est latent et ressenti sans être conscient : « Des faits impossibles à alléger, à anéantir, à absoudre » (*T*, 149). L'œuvre littéraire sera l'entre-deux changeant entre un écrivain explorateur d'un espace mystérieux et dangereux, et un lecteur avide de quitter la zone franche où il est cantonné pour une découverte de l'au-delà, l'« au-delà de la mer d'encre » (*T*, O, 39).

CHAPITRE 4

L'écriture du déséquilibre

> L'univers dans lequel nous vivons est dépourvu de stabilité. Qui nous dira le sens secret des choses ? Qui peut prévoir la courbe d'un mot une fois lancé ?
>
> Virginia Woolf, *Les Vagues*, 79.

Vacillant entre un orgueil démesuré et un manque d'assurance profond, Fitzgerald est l'écrivain du déséquilibre, un peu à l'image de son héros de nouvelles, Pat Hobby, qui incarne l'artiste raté. Cependant, l'œuvre de Fitzgerald émerge comme bien plus qu'une simple littérature de l'échec puisqu'elle sait suggérer ce qui fonde et agite l'être humain de façon universelle ; elle dit son éternelle division et son aspiration désespérée à la fusion dans l'Un. Bien que l'auteur ait affirmé « parle[r] avec l'autorité de l'échec » (*Notebooks*, 318), son œuvre va au-delà d'une simple évocation et analyse de l'échec. Elle affirme la force d'une création jaillie du déséquilibre et de la fêlure, elle s'interroge sur les zones d'ombre que l'écrivain pressent au sein du psychisme de l'individu et sur ce qui suscite l'écriture.

Déséquilibres

Fitzgerald dépeint un univers en déséquilibre. Ses romans situés dans l'entre-deux-guerres présentent une période de transition marquant le déclin d'un monde traditionnel ébranlé par la guerre et l'avènement d'une ère nouvelle qui s'annonce apocalyptique. Conscient des bouleversements en cours, Amory déclare à la fin de *Paradise* : « Je suis un amoureux du changement et je fais fi de ma conscience » (S, O, 251). Cette « nouvelle génération » « a grandi et découvert que tous les Dieux étaient morts, toutes les guerres faites, et toute foi en l'homme ébranlée » (S, O, 255). Ce déséquilibre culminera avec le krach de Wall Street en 1929, puis avec la Deuxième Guerre mondiale. Le krach correspondra à l'effondrement de Zelda et, ironie du vocabulaire financier qui convient à la période, à ce que l'auteur nommera sa propre « banqueroute émotionnelle ».

Ce monde en mutation célèbre l'apogée de l'immaturité et du désordre des identités, comme lors des fêtes de Gatsby. Ce déséquilibre général est intensifié par l'agitation extrême qui caractérise les personnages fitzgeraldiens. Ils semblent pris dans un tourbillon violent, constamment en mouvement, jamais au repos (*restless*). En équilibre précaire, les femmes oscillent telles des fleurs sur leur tige, comme la star de cinéma des fêtes de Gatsby (*GG*, 123, 125), les femmes-fleurs de la soirée parisienne (*T*, 120-121) ou Daisy et ses interlocuteurs (*GG*, 27, 32-33). Les verbes « ployer », « courber » et « pencher » évoquent le déséquilibre qui les anime. Alors que Jordan est qualifiée de « jeune équilibriste », Gatsby est vu « se ten[ant] en équilibre sur l'un des marchepieds » de son automobile (*GG*, 27, 82). Certes, l'équilibre est recherché, mais jamais atteint car l'agitation interne est trop intense. Gatsby, dit Nick, « était incapable de rester immobile » (*GG*, 82). Dans « Voisins », Dick s'amusera à épier l'agitation incontrôlable des clients américains (*T*, 88-89). La nature et les objets ont la même propension à l'agitation. La pelouse des Buchanan « grimpe », « franchit » des « obstacles » et « se précipite » jusqu'à la maison (*GG*, 25) ; à l'intérieur, seul l'immense canapé est immobile (26). Des rumeurs circulent affirmant que la demeure de Gatsby est un bateau voguant le long de Long Island (115). Lors de ses fêtes, à l'unisson de l'ébriété générale, rien n'est statique, ni les jardins, ni même le bar : « Le bar est pris d'assaut, des plateaux de cocktails se faufilent dans les jardins » (58). L'univers de Stahr est en perpétuelle vibration, « Rien ne reste immobile » (*LT*, 154). Les studios travaillent sans relâche : « À aucun moment de la journée, un studio n'est absolument silencieux » (41). Quant au héros, il « était né insomniaque, peu doué pour le repos dont il ne connaissait pas le désir » (32). Le tourbillon de voyages dans lequel se lancent les personnages dit leur incapacité à demeurer immobiles et en équilibre. Descendants de pèlerins plus pieux et plus éclairés, ils s'agitent désespérément à la recherche de la terre promise qui leur apportera la paix de l'âme. Nomades invétérés, ils ne connaissent pas le repos, étant sans cesse à la recherche d'un Ailleurs qui dise l'être[1].

Cette agitation frénétique et désordonnée se termine souvent en chutes et accidents. Jordan, « la jeune équilibriste » (*GG*, 27), est aussi la mauvaise conductrice qui maîtrise mal son véhicule et arrache le bouton d'un ouvrier sur sa route (*GG*, 77) ; l'accident automobile est une constante de l'univers fitzgeraldien. Les personnages trébuchent, chancellent ou s'écroulent sur le sol, victimes de leur déséquilibre. Les Diver iront jusqu'à prénommer leur fille « Topsy » (*T* 255). Seule la finale des championnats de base-ball peut être « truquée » et fixée d'avance (*GG*, 91) ; le reste demeure en mouvance perpétuelle dans cet univers où l'on est parfois pris de vertige : « Il eut l'impression que tout se mettait à tourner, l'arrêt du tram, la clinique, que tout basculait d'arrière en avant » (*T*, 230). Ce déséquilibre permanent trahit un désir qui demeure inassouvi, étant fondé sur le manque.

---

1. *Cf.* Roland Tissot, *op. cit.*, 149-150.

Chez Fitzgerald, le corps est une structure instable et fragile, sensible à la moindre agression et prompte à l'effondrement, à l'image de cette terre américaine ébranlée par les secousses sismiques (*GG*, 20 ; *LT*, 44-45). Alcool et drogues précipitent ou accentuent ce désordre déjà latent. En pleine prohibition (1919-1933) et à l'instar des Fitzgerald, les héros s'adonnent à l'alcool à un moment ou un autre, sauf Gatsby qui, très jeune, en a observé les effets pervers sur Dan Cody (*GG*, 118). Le Docteur Diver, spécialisé dans les cures de désintoxication, réclame des « cures d'abstinence » pour son propre compte (*T*, 304, 393). « La Décennie perdue » conte l'histoire de Trimble qui reprend ses esprits après dix ans d'ébriété. Une autre nouvelle, « Un cas d'alcoolisme », exprime le destin désespéré qu'engendre ce type de faiblesse chez un écrivain d'inspiration autobiographique. Ce motif du déséquilibre alcoolique est répété à l'infini par une cohorte de personnages secondaires, mais aussi d'héroïnes, sauf Daisy, sobre depuis son mariage (*GG*, 94-96). Les soirées fitzgeraldiennes sont le théâtre d'une ivresse généralisée ; même Nick, qui se targue de n'avoir été ivre que deux fois dans sa vie, succombe à l'alcool lors de la soirée avec Tom et Myrtle (*GG*, 35). La scène vue à travers ses yeux prend des allures de désordre général :

> Tout ce qui s'est passé me revient aujourd'hui dans une brume assez opaque (*GG*, 47).

Alors que l'ivresse augmente, un étrange ballet semble se dérouler sous ses yeux :

> Les gens sortaient, rentraient, proposaient d'aller quelque part, se séparaient, cherchaient quelqu'un d'autre, le retrouvaient un peu plus loin (*GG*, 54).

Bien vite Nick est ivre, et incapable de maintenir son équilibre :

> Je ne pensais qu'à m'évader, à gagner Central Park à pied, dans la douceur du crépuscule, mais dès que j'essayais de

me lever, j'étais de nouveau entraîné dans une discussion absurde, délirante, qui me retenait sur ma chaise comme si j'étais ligoté (*GG*, 53).

Le motif de l'alcool est souvent doublé de celui du poison et des drogues. Se souvenant de ses folles années de dissipation à Paris, le héros de « Retour à Babylone » évoque « les femmes, les jeunes filles qu'on emportait hors des endroits publics, ivres d'alcool et de drogue... » (BR, 545). Les personnages évoluent dans un univers décadent où l'on sert du hachisch au petit déjeuner (*T*, 119), à moins que l'on ne le réserve à la consommation des animaux familiers (HC, 4, 7). L'amour impossible de Dick pour Nicole est semblable à un poison et se transformera en faiblesse alcoolique : « Il avait choisi Ophélie, il avait choisi le tendre poison, et il l'avait bu » (*T*, 459). Comme Nicole, Rosemary, la jeune femme fatale, deviendra son poison et sa drogue :

> Elle n'avait pas mis plus d'une centaine d'heures à tout découvrir des sorcières, du domaine des philtres noirs : la belladone, qui rend aveugle, la caféine, qui transforme en pulsion nerveuse l'énergie physique, la mandragore, qui dicte l'harmonie (*T*, 260-261).

Ces drogues qui semblent un temps stimuler l'énergie rappellent la grande consommation d'alcool, de cigarettes, de café et de Coca-Cola faite par l'auteur pour stimuler son écriture. Dans *Tender is the Night*, sans doute en raison de la profession du héros, drogues et potions sont fréquemment mentionnées. Violet McKisco est calmée avec du bromure (*T*, O, 43), Nicole avec du luminol (*T*, O, 165) et Dick, quant à lui vivement attaché à son petit pot de camphre (*T*, 424-425), se voit administrer de la morphine à sa sortie de prison à Rome (*T*, 365). À la fin du roman, il fera même « un brillant exposé » lors d'un congrès médical « sur l'influence des drogues » (*T*, 476-477).

Outre ce motif de l'alcool et des drogues, les romans de Fitzgerald développent le thème du déséquilibre de l'esprit. Profondément affecté par les crises de Zelda, l'auteur connaît intimement ces bascules de l'être dans la folie, ces désordres incontrôlables qui marquent l'apogée du chaos humain. *The Beautiful,* avec l'effondrement final d'Anthony (*BD*, 504), mais plus encore *Tender,* avec son héroïne malade et son héros psychiatre, proclament la fragilité de l'être.

Les héros fitzgeraldiens souhaiteraient se démarquer du tumulte qui les entoure, imposer une certaine forme d'ordre, mais seul Gatsby résiste jusqu'au bout. Dick Diver, Stahr et Gatsby représentent, un temps, la sobriété et la maîtrise de soi au sein de l'ivresse généralisée. Tous trois tentent désespérément d'unifier le chaos et de donner un sens au désordre. Bousculés par l'univers anarchique en pleine décomposition qui les entoure, ils craignent le déséquilibre et l'évitent au prix de constants efforts de contrôle d'eux-mêmes et de dissimulation.

Si les héros sont marqués du sceau de l'agitation, leur incessante mobilité est d'une essence particulière qui contraste avec leur environnement. Le motif de l'échelle (*BD*, 20 ; *GG*, 129) introduit l'idée d'une agitation orientée vers un point précis, à l'inverse de l'instabilité anarchique des autres personnages. Au cœur du vortex de leur environnement, ces héros se sont fixé un but aux échos universels, et s'ils sont sans cesse en mouvement, c'est parce qu'ils s'acheminent obstinément vers celui-ci. Toute l'énergie de Gatsby est placée dans la poursuite de sa quête, son « rêve unique » dont Nick perçoit l'esprit sacré : « Il s'était piégé lui-même, engagé désormais dans une véritable quête du Graal » (*GG*, 169, O, 168). Cette quête ne s'incarne que ponctuellement en Daisy et ne s'achèvera jamais. Il s'agit de la quête du « moment d'or »[2], cet état

---

2. *Cf.* Milton R. Stern, *The Golden Moment: The Novels of F. Scott Fitzgerald.*

d'extase que susciterait la fusion idéale, la plénitude recouvrée. Il est donc bien question de cet « avenir orgastique » (GG, 203), moment de bonheur et de bien-être béat perdu à tout jamais et la controverse sur le choix du mot « orgiaque » plutôt qu'« orgastique » n'a pas lieu d'être. Cependant, ce cheminement est sans fin : c'est la recherche de l'anéantissement des limites qui ne pourra se résoudre que dans la mort. La quête de tous les héros fitzgeraldiens se termine sur un échec et sur leur disparition physique ou psychologique, car elle était une aspiration à une complétude incompatible avec le sort de l'être humain. Amory reconnaît lui-même : « Si la vie n'est pas la quête du Graal, elle peut être diablement amusante » (S, O, 252). Nick refuse les dangers de ce qu'il a vaguement perçu à travers l'expérience bouleversante de Gatsby : « J'étais saturé de plongées chaotiques et d'aperçus privilégiés à l'intérieur du cœur humain » (GG, 20).

Si les héros échouent, il est une quête menée parallèlement par l'auteur et qui, elle, atteint son but : celle de l'écriture. Tandis que les héros errent sans ancrage, à la poursuite d'eux-mêmes et de la réalité de leur condition, le lecteur est à la recherche du sens. Alors que les héros fitzgeraldiens trahissent leur quête par leur constante mobilité et leurs incessants voyages, l'écrivain est aussi un voyageur ; il fait le voyage de l'être tout en se déplaçant au pays du langage jusqu'à ce que sa quête aboutisse à l'œuvre couchée sur le papier. Comme celui des héros, ce voyage est celui de la recherche de la plénitude perdue et de la souffrance de la perte originelle. L'écriture dit l'aspiration à cette fusion impossible qui remonte à la vie intra-utérine. Pour le lecteur, la quête se conclut sur les blancs de l'écriture, les points de suspension de la dernière page de *Gatsby* : « Demain, nous courrons plus vite, nous tendrons les bras plus avant... Et, un beau matin... » (GG, 203). Chez Fitzgerald, le succès de la quête de l'écriture réside dans le fait qu'elle explore la faille. Elle circonscrit le lieu où se noue la tragédie de la condition humaine, elle va là où se trouve le manque, comme le suggère l'expression de Freud reprise par Lacan : « *Wo es war, soll Ich werden* » : « Là où fut ça, il me faut advenir »[3].

Jouissance de l'instable

L'univers fitzgeraldien est tellement empreint de déséquilibre que s'en dégage une certaine jouissance. Cette évidente fascination pour le déclin et la détérioration, cet attrait quelque peu morbide pour le déséquilibre et le plaisir qu'il peut susciter seront pleinement exploités dans *The Crack-Up*. Le déséquilibre suprême pour l'écrivain est alors d'écrire sur son impossibilité d'écrire. Peut-être réussit-il ainsi sa meilleure approche de la vie par l'écriture puisque, selon lui, « toute vie est un processus de démolition » (*CU*, 39), la vie serait à elle seule un immense déséquilibre. Cette sensation de bascule est celle du manque qui frappe tout être humain dès la naissance, mais aussi celle d'un acheminement inéluctable vers la mort. Tout comme pour Zelda qui rédigera son unique roman, *Save Me the Waltz*, depuis sa clinique psychiatrique, pour Fitzgerald, le chaos suscite l'écriture, le manque fonde l'œuvre. Ses romans portent la trace constante de bouleversements individuels et sociaux. Ses réflexions attestent de ce besoin d'un désordre émotionnel comme moteur de son écriture. :

> Nous sommes le plus souvent obligés, nous autres, écrivains, de nous répéter – voilà la vérité. Nous avons subi, au cours de notre vie, deux ou trois épreuves capitales et bouleversantes – tellement capitales et bouleversantes que nous avons cru impossible, sur le moment, que qui que ce soit d'autre ait pu être à ce point secoué, broyé,

---

3. Jacques Lacan, *Écrits I*, Paris, Seuil, « Points », 1970, 284.

stupéfait, aveuglé, battu, brisé, sauvé, illuminé, récompensé et humilié.
À la suite de quoi, nous apprenons, plus ou moins bien, à écrire – et nous ressassons ces deux ou trois épreuves – sous une forme toujours nouvelle – jusqu'à dix et cent fois, tant qu'elles plaisent aux lecteurs (HFS, 13).

Dans le même esprit, il donnera le conseil suivant à sa fille :

Personne n'est jamais devenu écrivain, simplement parce qu'il en avait envie. Si tu as quelque chose à dire, quelque chose que personne, à ton sens, n'aurait dit avant toi, il faut que tu l'éprouves avec un tel déchirement, que les mots te viendront peu à peu, et tu l'exprimeras, comme personne avant toi. Si bien que cette chose que tu avais à dire, et la façon dont tu as réussi à l'exprimer, ne feront plus qu'un – si étroitement confondues qu'on pourra croire qu'elles ont été conçues en même temps (L, 20 oct. 1936).

Cette écriture née du déséquilibre en porte nécessairement la marque. C'est d'abord une écriture du voyage et de l'errance, jamais celle de l'immobilité et de l'ordre. Le style même de l'auteur porte la trace de cette instabilité chaotique. Écriture de « l'Âge du Jazz », elle adopte un rythme souvent syncopé, dansant, enivré qui dit la fluidité et l'effervescence de ses fêtes ; poussée à l'extrême, elle semble parfois être une écriture « shootée » où tout est flou, déformé et mouvant. Les deux premiers romans se déroulent de façon chronologique, mais leur développement est perturbé par l'irruption de textes variés, souvent en italiques : poèmes, chansons, lettres, ou citations. À partir de *Gatsby*, les romans sont fragmentés. Le texte apparaît comme une énigme à résoudre car l'enchaînement des événements n'est pas présenté de façon chronologique et rationnelle. La destruction semble structurelle. Dans *Gatsby*, les retours en arrière sur la jeunesse du héros et sa rencontre avec Daisy à

Louisville bousculent l'ordre de la narration. Des informations à son sujet sont éparpillées à travers tout le texte, Mr Gatz constituant le dernier élément du puzzle. Même sa mort est d'abord décrite de façon énigmatique :

> Mais le peu de vent qui soufflait et effleurait à peine [le matelas pneumatique] suffisait à contrarier sa course imprévisible alourdie d'un imprévisible fardeau. Au contact d'un petit tas de feuilles mortes, il tournait lentement sur lui-même et décrivait dans l'eau, comme la pointe d'un compas, un étroit cercle rouge.
> Ce n'est qu'un peu plus tard, quand nous sommes revenus vers la maison en transportant Gatsby, que le jardinier a aperçu, un peu plus loin sur la pelouse, le corps de Wilson, et le sacrifice rituel s'est trouvé accompli (*GG*, 183).

Tender comprend un long retour en arrière au Livre II. Certains événements sont laissés en suspens et élucidés plus loin. La maladie de Nicole suggérée lors de ses crises du Livre I (*T*, 65-66, 180-181) n'est clairement présentée qu'au livre II. Pendant de nombreuses pages, le lecteur ne sait ni ce qui s'est passé dans la salle de bains (*T*, 65-66) ni ce qui a finalement provoqué le duel (*T*, 73-77). La scène de la salle de bains sera décrite beaucoup plus tard par Dick qui se remémorera cet épisode (*T*, 266). Rien n'est jamais fixe ni certain, sans cesse le sens vacille. Dans *Gatsby* et *Tender*, le rythme de l'écriture s'accélère au fur et à mesure que le désordre se déchaîne et que les événements se succèdent de façon précipitée dans une société qui a perdu le contrôle de ses actes. Le choix du narrateur et du point de vue qui varie constamment renforce l'impression de déséquilibre. Nick est un narrateur intradiégétique et homodiégétique qui raconte son histoire comme elle s'est déroulée chronologiquement, mais il insère çà et là des commentaires et des informations bouleversant l'ordre des événements et il n'est pas toujours sûr qu'il faille lui faire confiance. Dans *Tender*, l'auteur a choisi un narrateur extradiégétique, concentré d'abord sur le personnage de Rosemary. Cependant, au Livre II, la situation change puisque la jeune fille n'est plus en scène. Le narrateur extradiégétique se focalise alors sur Dick, mais brutalement Nicole devient la narratrice pour quelques pages (*T*, 252-258) avant de laisser de nouveau la place au narrateur extradiégétique. Dans *Tycoon*, Fitzgerald jongle – parfois de façon assez artificielle (*LT*, 128, 160) – entre Cecilia, narratrice intradiégétique et homodiégétique, et un narrateur extradiégétique. Ces constants changements de focalisation et de narrateurs intensifient l'impression d'écriture en mouvance perpétuelle.

« Dans la vraie nuit de l'âme »

L'univers fitzgeraldien est à l'image fissurée et funeste de la maison d'Usher d'Edgar Poe. Les espaces, les objets, les corps et les êtres sont sans cesse en proie aux fissures, déchirures, coupures et blessures. Même les vigoureux « nouveaux Césars » que sont Tom Buchanan et Tommy Barban sont marqués par des initiales qui annoncent la maladie et la mort. Face à la fêlure et au déséquilibre, l'écriture est une planche de salut. Elle est le moyen suprême de faire front à l'ultime bascule de la mort. À l'inverse de Dick qui se laisse anéantir par la découverte de son manque et de sa division, l'auteur réussit à les utiliser. Il sait bâtir son écriture à partir de cette fêlure et peut lutter ainsi contre son propre effondrement ainsi qu'il l'a fait tout particulièrement avec *The Crack-Up*. Comme son héros hollywoodien (*LT*, 175), Fitzgerald était partisan du travail et de l'effort jusqu'à l'épuisement[4]. C'est dans l'écriture

---

4. Il écrira à sa fille : « Je ne condamne jamais un échec – il y a dans la vie trop de situations complexes. Mais je suis sans pitié pour le refus de travailler » (*L*, 25 nov. 1938).

qu'il a trouvé l'exutoire à sa « banqueroute émotionnelle » et la parade à cette fêlure intime qui transparaît dans tous ses textes, à cette « vraie nuit de l'âme » si difficile à affronter (*CU*, 39). Pour lui, les mots tenteront de combler la béance de l'existence à laquelle aucun homme ne sait se soustraire. L'écriture ne saurait annihiler ce manque, mais elle peut en cerner le contour, dire l'angoisse viscérale de l'être, qui inlassablement « s'interpose entre le désir et la jouissance, entre le sujet et la Chose »[5]. Elle est finalement le moyen de jouir d'un déséquilibre auquel il est impossible d'échapper. Ainsi, l'œuvre de Fitzgerald « tire lumière de l'obscur »[6] car elle sait cerner quelque chose de fondamental quoique diffus et évanescent. Il affirmera à Zelda :

> « S'exprimer » je peux juste dire que cela n'existe pas. C'est tout simplement une illusion. Ce que l'on exprime dans une œuvre d'art c'est la destinée tragique et obscure d'être l'instrument de quelque chose d'incompris, d'indéchiffrable, d'inconnu (*L*, printemps 1932).

L'écriture de Fitzgerald est suscitée par le manque et en trace inlassablement la marque. À travers ses héros, l'auteur raconte l'histoire de tout homme, ses rendez-vous sans cesse manqués avec la jouissance suivis de ses sursauts d'énergie pour se relancer à sa poursuite. Son écriture suggère que le sujet doit trouver sa place dans le déséquilibre car la complétude originelle ne peut être recouvrée. Dans l'univers pessimiste de Fitzgerald, il est un plaisir unique, pleinement ressenti : « le plaisir du texte ». L'acte de lecture consiste à ressentir intimement ce déséquilibre, cette jouissance du texte, parce que lire c'est créer un espace de jouissance[7]. Contrairement à celle de

---

5. Nestor Braunstein, *La Jouissance. Un concept lacanien*, Paris, « Point Hors ligne », 1992, 23.

6. Maurice Blanchot, *op. cit.*, 324.

7. *Cf.* Roland Barthes, *Le Plaisir du texte*, Paris, Seuil, 1973, *passim*.

Gatsby, la quête de l'écrivain a été menée à bien, le « moment d'or » atteint, « l'avenir orgastique » offert au lecteur et, ainsi, Fitzgerald a accompli sa tâche avec succès, car pour lui,

> Le but d'une œuvre de fiction est de susciter une curiosité passionnée, puis de l'assouvir de façon inattendue, de façon orgastique. N'est-ce pas ce que nous attendons de tout contact ? (*Notebooks*, 332).

Aux limites du dicible

> L'écriture doit être silencieuse ; elle doit réclamer votre participation. Je ne décris jamais beaucoup mes personnages. Mon écriture réclame, exige une lecture active, et à mon avis c'est ce que la littérature est censée faire. [...] Mon écriture doit avoir des vides et des espaces afin que le lecteur vienne s'y loger.
>
> Toni Morrison, « Toni Morrison : an Interview »,
> *in* Claudia Tate, *Black Women Writers at Work*, 125.

À la parution de *Tender*, Hemingway reprocha à Fitzgerald de s'être inspiré des Murphy, qu'ils avaient fréquentés sur la Côte d'Azur, et d'avoir pris des libertés avec ses modèles. L'écrivain riposta en défendant sa technique des « personnages composites » : « Il faut une demi-douzaine de personnes pour obtenir une synthèse qui permette de créer un personnage de fiction » (L à S. Murphy, juin 1926). Certains critiques considèrent que les raisons de l'échec des héros fitzgeraldiens sont souvent éludées ; en outre, ils remarquent que les personnages sont, en général, à peine esquissés, les détails physiques parfois contradictoires et que la chronologie des événements est souvent incohérente. En fait, ces observations mettent en lumière une des grandes qualités de l'œuvre. Fitzgerald n'est pas un vulgaire chroniqueur et n'est pas tenu à la véracité historique ou biographique, ni au réalisme. Le lecteur ne se soucie pas des détails de vraisemblance : à la manière de Nick qui se laisse emporter par les récits merveilleux de Gatsby, il accepte un univers souvent fantastique sans poser de question car il succombe à la force du signifiant. Peu importe si Gatsby n'est qu'un escroc à la poursuite d'une femme sans intérêt, si New York a des allures de ville de science-fiction, ou si l'effondrement du docteur Diver n'est pas clairement justifié. Suivant les préceptes de Conrad[1], Fitzgerald refuse le directement observable, il souhaite « donner à voir » et provoquer des réactions émotionnelles qui perdurent (L à Perkins, 7 fév. 1934 ; à Bishop, 2 avr. 1934 ; à Hemingway 1er juin 1934). Il fait appel aux capacités d'imagination du lecteur car son écriture se caractérise par une extraordinaire polysémie. Son œuvre devient alors un enchevêtrement créatif sans bornes qui offre au lecteur des « présomptions de sens »[2], jamais des solutions définitives.

Enfin, si « l'inconscient c'est l'évasif »[3], son appréhension ne se fera pas dans la précision et c'est ce flou qui caractérise l'écriture fitzgeraldienne. L'auteur joue avec les silences et les blancs, un peu à la manière de Nick, son narrateur peu loquace qui erre sans cesse au seuil de l'indicible :

> À travers ce qu'il disait, et malgré une sentimentalité excessive, je retrouvais quelque chose, à mon tour – une cadence insaisissable, des fragments de mots oubliés, quelque chose qui s'était passé bien des années auparavant. J'ai senti pendant un moment qu'une phrase cherchait à prendre forme dans ma bouche, et j'ai ouvert les lèvres, comme un muet, sous la pression d'une force bien au-delà d'une simple respiration et qui cherchait à s'échapper. Mais elles ne formèrent aucun son, et ce dont j'étais sur le point de me souvenir est resté indicible à jamais (GG, 130).

---

1. *Cf.* Joseph Conrad, *The Nigger of the « Narcissus »*, Harmondsworth, Penguin, 1965, 11-14.

2. Roland Barthes, *Essais critiques*, Paris, Seuil, 1964, 9.

3. Jacques Lacan, *Les Quatre Concepts fondamentaux de la psychanalyse*, Paris, Seuil, 1973, 33.

Chez Fitzgerald le sens naît du flou, de l'imprécis, du suggéré, du pressenti, de la métaphore. Il semble qu'il faille déchiffrer son écriture comme une déroutante anamorphose d'où l'inattendu peut surgir si l'on accepte cette « suspension de l'incrédulité » préconisée par les romantiques anglais qu'il admirait tant. De par son côté évasif et parfois même fantastique, son écriture romanesque exprime avec succès cet autre discours enfoui au cœur de l'être, elle nous entraîne immanquablement aux « frontières de la conscience », « [c]es frontières, que tous les artistes sont tenus d'explorer » (*T*, 292).

Loin d'être uniquement le chroniqueur de l'Âge du Jazz, le romancier d'amours romantiques entre jeunes gens pauvres et garçonnes impitoyables ou le poète de la mort du rêve américain, Fitzgerald serait, souvent à son insu, l'explorateur intemporel des mystères de l'être. Son écriture fouille les gouffres et les secrets de l'être ; c'est un jeu permanent avec les limites, limites de la connaissance, du conscient, du dicible. Elle dit le désir inconscient, le besoin de complétude, l'angoisse de la division à laquelle tout être est assujetti. Il avait compris la puissance inégalable de l'art et a su en user :

> Ayant découvert l'intensité de l'art, rien d'autre de ce qui peut arriver dans la vie ne peut sembler aussi important que le processus créatif (*L* à Mencken, 23 avr. 1934).

Conscient du pouvoir de la littérature, il déclarait que grâce à elle « on découvre que nos désirs sont universels, que l'on n'est pas seul et isolé. Que l'on fait partie d'un tout »[4]. Son œuvre est tout entière dans ce désir d'écrire qui le dépasse car, ainsi qu'il se plaisait à le remarquer,

> On n'écrit pas pour dire quelque chose. On écrit parce qu'on a quelque chose à dire (*Notebooks*, 52).

---

4. *In* Sheilah Graham, *Beloved Infidel*, New York, Bantam Books, 1962, 196.

Petite chronologie

24 septembre 1896 Naissance de Francis Scott Key Fitzgerald
à Saint Paul (Minnesota), fils d'Edward Fitzgerald et de
« Mollie » McQuillan.

1900 Naissance de Zelda Sayre à Montgomery (Alabama).

1901 Naissance d'Annabel Fitzgerald, sœur de Scott.

1911-1913 Études à la pension Newman (New Jersey).

1913-1917 Études à Princeton.

1917 Quitte Princeton et s'engage dans l'armée. Commence la
rédaction de « L'Égotiste romantique ».

1918 Juillet : camp Sheridan (Alabama) ; rencontre Zelda
Sayre. Août : l'éditeur new-yorkais Scribner refuse « L'É-
gotiste romantique ». Novembre : s'apprête à embarquer
pour l'Europe mais l'armistice est signé.

1919 Février : démobilisé ; accepte un emploi de publicitaire à
New York. Juin : Zelda rompt leurs fiançailles. Juillet :rentre
à Saint Paul pour travailler sur *L'Envers du Paradis*. Septembre : Scribner accepte *L'Envers du Paradis* sur les
conseils de Maxwell Perkins. Novembre : Harold Ober
devient son agent ; vend sa première nouvelle, « Head and
Shoulder », au *Saturday Evening Post*; renoue avec Zelda.

1920 Mars : publication de *L'Envers du Paradis*. Avril : mariage
avec Zelda à New York. Été : les Fitzgerald s'installent à
Westport ; publie son premier recueil de nouvelles, *Flappers and Philosophers*. Octobre : s'installent à New York.

1921 Mai : premier voyage en Europe. Août : retour aux États-
Unis. Octobre : naissance de leur fille Scottie.

1922 Publication de *Les Heureux et les Damnés*. Septembre :
publication du recueil de nouvelles *Tales of the Jazz Age*.
Octobre : s'installent à Great Neck. Novembre : échec de
la pièce *Le Légume*.

1924 Printemps-été : départ pour la France (Paris, Côte d'Azur) ;
rencontrent les Murphy au cap d'Antibes ; écrit *Gatsby* ;
infidélité de Zelda avec un aviateur français. Octobre :
signale à Scribner un jeune auteur intéressant : Hemingway. Hiver 1924-1925 : séjours à Rome, Capri, puis Paris.

1925 Mai : publication de *Gatsby le magnifique* ; rencontre Hemingway à Paris. Août : Antibes.

1926 Février : publication du recueil de nouvelles *All the Sad Young Men*. Mars : Juan-les-Pins avec les Murphy et les Hemingway. Décembre : retour aux États-Unis.

1927 Janvier : premier voyage à Hollywood. Mars : s'installent à Ellersie (Delaware). Avril : départ pour Paris ; rencontre Joyce et André Chamson ; publication de la première nouvelle ayant pour héros Basil Duke Lee (huit suivront).

1928 Retour à Ellersie (septembre).

1929 Départ pour l'Europe : Gênes, Cannes, Paris (mars).

1930 Avril : effondrement nerveux de Zelda ; rédaction de *Tendre est la nuit* perturbée ; publication de la première nouvelle ayant pour héroïne Joséphine Perry (cinq suivront). Juin : internement de Zelda à la clinique de Prangins (Suisse).

1931 Janvier : retour aux USA pour les funérailles de son père. Septembre : sortie de clinique de Zelda ; s'installent à Montgomery. Novembre : contrat à la MGM à Hollywood ; son script n'est pas utilisé.

1932 Janvier : rechute de Zelda. Mai : louent « La Paix » près de Baltimore. Octobre : publication du roman de Zelda *Accordez-moi cette valse*.

1934 Janvier : rechute de Zelda ; internement à Sheppard-Pratt. Avril : publication de *Tendre est la nuit*.

1935 Mars : publication du recueil de nouvelles *Taps at Reveille*. Mai : s'installe en Caroline du Nord. Novembre : commence à rédiger les articles de *La Fêlure*.

1937 Juillet : part pour Hollywood pour un contrat de six mois avec la MGM ; rencontre Sheilah Graham. Décembre : contrat MGM prolongé pour un an.

1938 Décembre : contrat MGM non renouvelé.

1939 Octobre : commence *Le Dernier Nabab*.

1940 Publication de la première nouvelle ayant pour héros Pat Hobby (dix-sept suivront).

21 Décembre 1940 Fitzgerald meurt d'une crise cardiaque.

1941 *Le Dernier Nabab*, roman inachevé, publié par E. Wilson.

1945 Publication de *La Fêlure*.

10 mars 1948 Mort de Zelda.

Bibliographie sélective

Œuvres originales de F. Scott Fitzgerald
Romans
This Side of Paradise, New York, Scribner's, 1920.
The Beautiful and Damned, New York, Scribner's, 1922.
The Great Gatsby, New York, Scribner's, 1925.
Tender is the Night, New York, Scribner's, 1934.
The Last Tycoon, New York, Scribner's, 1941.

Recueils de nouvelles
Flappers and Philosophers, New York, Scribner's, 1920.
Tales of the Jazz Age, New York, Scribner's, 1922.
All the Sad Young Men, New York, Scribner's, 1926.
Taps at Reveille, New York, Scribner's, 1935.
The Pat Hobby Stories, New York, Scribner's, 1962.
The Basil and Josephine Stories, New York, Scribner's, 1973.

Pièce de théâtre, lettres et textes divers
The Vegetable, New York, Scribner's, 1923.
The Letters of F. Scott Fitzgerald, A. Turnbull ed., New York, Scribner's, 1963.
The Notebooks of F. Scott Fitzgerald, M. J. Bruccoli ed., New York, Harcourt Brace Jovanovich/Bruccoli Clark, 1978.

Articles et essais
« The Cruise of the Rolling Junk », *Motor*, février, mars, avril 1924.
« One Hundred False Starts », *The Saturday Evening Post*, 4 mars 1933, 13, 65-66.
The Crack-Up, E. Wilson ed., New York, New Directions, 1945.

Traductions françaises
Romans
L'Envers du Paradis, Paris, Gallimard, 1978.
Tendre est la nuit, tr. J. Tournier, Paris, Le Livre de Poche, 1990.
Gatsby le magnifique, tr. J. Tournier, Paris, Livre de Poche, 1996.
Le Dernier Nabab, tr. S. Mayoux, Paris, Folio, 1996.
Les Heureux et les Damnés, tr. L. Servicen, Paris, Folio, 1997.

Recueils de nouvelles

Les Enfants du jazz, Paris, Gallimard, 1978.
Histoires de Pat Hobby, Paris, 10/18, 1981.
Un Diamant gros comme le Ritz, Paris, Laffont, 1984.
Entre trois et quatre, Paris, Belfond, 1993.
Fleurs interdites, Paris, Belfond, 1994.
Fragments de paradis, Love boat et 63 autres nouvelles,
     tr. J. Tournier et N. Tisserand, Paris, Omnibus, 1998.

Lettres, essais et textes divers

Lettres de F. Scott Fitzgerald, Paris, Gallimard, 1978.
La Fêlure, Paris, Gallimard, 1981.
F. Scott Fitzgerald. De l'écriture, L. W. Phillips éd., Paris, Éditions
     Complexes, 1991.
La Ballade du rossignol roulant, Paris, Belfond, 1995.

Études critiques

Articles

CHARD-HUTCHINSON (Martine) et RAGUET-BOUVART (Christine),
     « L'évolution de la problématique de la corporéité dans *The
     Great Gatsby* et *Tender is the Night*», *Revue Française d'É-
     tudes Américaines,* n° 55, fév. 1993, 83-93.
STANTON (Robert), « "Daddy's Girl": Symbol and Theme in *Tender
     is the Night* », *Modern Fiction Studies,* vol. 4, 136-142.
TISSOT (Roland), « Pour une nouvelle carte du *Tendre* de Francis
     Scott Fitzgerald », *De la Littérature à la lettre,* Lyon, PUL,
     1997, 149-161.
WEINSTEIN (Arnold), « Fiction as Greatness: The Case of
     Gatsby », *Novel: a Forum on Fiction,* vol. 19, 1985, 22-38.

Recueils d'articles

Americana, Paris, PU Paris-Sorbonne, vol. 5, 1990, 57-107.
CLARIDGE (Henry) ed., *F. Scott Fitzgerald: Critical Assessments,*
     4 vol., Helm Information, 1991.
Fitzgerald Newsletter (1958-1968), Washington, NCR Microcard
     Books, 1969.
Francis Scott Fitzgerald/John Dos Passos, Europe, n° 803, mars
     1996, 3-64.
Hemingway-Fitzgerald Annual, Washington, NCR Microcard
     Books, 1969-1973 ; Englewood, Col. Information Handling
     Services, 1974-1976 ; Detroit, Gale Research, 1977-1979.

Kennedy (J. Gerald) et Bryer (Jackson R.), *French Connections: Hemingway and Fitzgerald Abroad*, London, Macmillan, 1998.

Magazine littéraire, Dossier F. Scott Fitzgerald, n° 341, mars 1996, 16-60.

Modern Fiction Studies, Fitzgerald Special Number, printemps 1961.

Ouvrages

Beebe Fryer (Sarah), *Fitzgerald's New Women: Harbingers of Change*, Ann Harbour, UMI Research Press, 1988.

Berman (Ronald), The Great Gatsby *and Modern Times*, Urbana and Chicago, U. of Illinois P., 1994.

Fabre (Geneviève et Michel), Tender Is the Night *de F. Scott Fitzgerald*, Paris, Armand Colin, 1989.

Grenier (Roger), *Trois heures du matin. Scott Fitzgerald*, Paris, Gallimard, « L'un et l'autre », 1995.

Lehan (Richard), The Great Gatsby. *The Limits of Wonder*, Boston, G. K. Hall and Co, 1990.

Le Vot (André) et Poli (Bernard), The Great Gatsby *de F. Scott Fitzgerald*, Paris, Armand Colin, 1979.

Stavola (Thomas J.), *F. Scott Fitzgerald: crisis in an American identity*, London, Vision Press, 1979.

Stern (Milton R.), *The Golden Moment: The Novels of F. Scott Fitzgerald*, Urbana, U. of Illinois P., 1970.

Ouvrages biographiques

Bruccoli (Matthew J.), *Some Sort of Epic Grandeur: The Life of F. Scott Fitzgerald*, London, Cardinal, Sphere Books, revised edition, 1991. *Une certaine grandeur épique*, Paris, La Table ronde, 1994.

Le Vot (André), *Scott Fitzgerald*, Paris, Julliard, 1979.

Meyers (Jeffrey), *Scott Fitzgerald*, London, Macmillan, 1994.

Imprimé en France par IFC – 18390 Saint-Germain-du-Puy.
N° d'imprimeur : 00/47. N° d'édition : 2715-01.
Dépôt légal : janvier 2000.